La Paix Latine

PAR

GABRIEL HANOTAUX

DE L'ACADÉMIE FRANÇAISE

PARIS
ANCIENNE LIBRAIRIE FURNE
COMBET ET Cie, ÉDITEURS
RUE PALATINE (VIe)

CHEZ LES MÊMES ÉDITEURS

GABRIEL HANOTAUX
DE L'ACADÉMIE FRANÇAISE

Histoire de la France Contemporaine
(1871-1900)

Tome Ier : LE GOUVERNEMENT DE M. THIERS

Un fort vol. format in-8° raisin de 640 pages, ill. de portraits en héliogravure, broché : **7 fr. 50**.

Envoi franco contre mandat ou timbres-poste.

SOMMAIRE DES CHAPITRES DU VOLUME

Chapitre I. — La Guerre.
Chapitre II. — L'Assemblée Nationale à Bordeaux.
Chapitre III. — La Commune.
Chapitre IV. — Première Crise constitutionnelle.
Chapitre V. — Le Traité de Francfort.
Chapitre VI. — Vers la Libération.
Chapitre VII. — Le Travail Parlementaire.
Chapitre VIII. — L'Apogée.
Chapitre IX. — La Libération du Territoire.
Chapitre X. — Le 24 Mai 1873.

CONDITIONS ET MODE DE PUBLICATION

L'*Histoire de la France contemporaine* formera 4 volumes du format in-8° raisin (25 × 15,5), comprenant chacun 600 pages environ et plusieurs portraits en héliogravure.

Il paraîtra un volume chaque année, depuis le 1er avril 1903. Le prix du volume broché est fixé à **7 fr. 50**.

On peut souscrire dès maintenant pour les 4 volumes, à la librairie Combet et Cie et chez tous les libraires.

Le prix de la souscription est de **30 francs** pour les 4 volumes brochés. Le recouvrement de la souscription sera effectué en 4 quittances de **7 fr. 50** chacune, qui seront présentées sans frais au domicile du souscripteur, en même temps que sera effectuée la livraison des volumes.

11954. — Lib.-Imp. réunies, 7, rue Saint-Benoît, Paris.

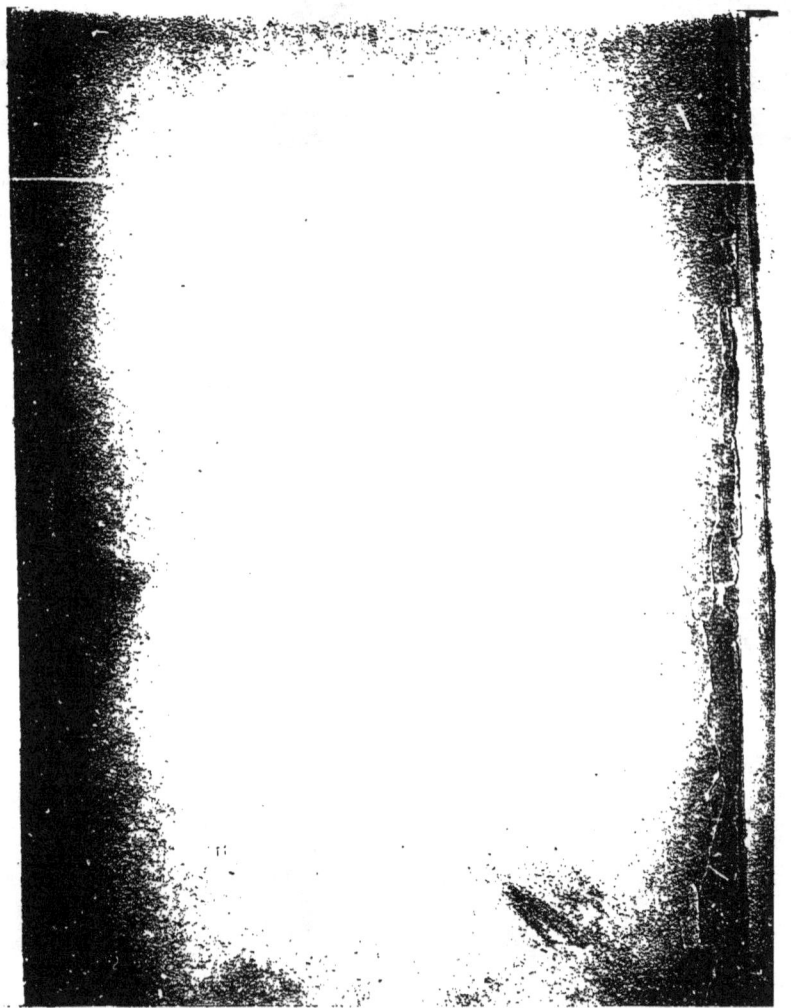

La Paix Latine

IL A ÉTÉ TIRÉ DE CET OUVRAGE

dix exemplaires sur papier de Hollande numérotés
à la presse.

GABRIEL HANOTAUX

DE L'ACADÉMIE FRANÇAISE

La Paix Latine

PARIS
ANCIENNE LIBRAIRIE FURNE
COMBET ET Cie, ÉDITEURS
RUE PALATINE (VIe)
1903

Tous droits de traduction et de reproduction réservés.

INTRODUCTION

La Paix latine

I

Voici un livre qui, sans que je l'aie voulu, se trouve être, comme on dit, *d'actualité*.

Il s'est écrit, depuis quatre ans, au cours de mes études et de mes voyages, le long des grands chemins du monde. C'est une méthode. J'aime voir. Mes réflexions naissent de mes impressions. Je ne conçois pas l'histoire sans l'évocation, ni la pensée sans l'image. La vie surtout m'émeut. Un trait du visage, un geste, un chapiteau dans l'herbe touffue, un coquillage où l'être a vécu, voilà ce qui m'arrête, me saisit, « m'empoigne ». Je goûte peu les statistiques ; je me méfie des formules consacrées que les pontifes se transmettent cérémonieusement.

Au moment où j'ai commencé les voyages dont les principales étapes nomment les chapitres du présent livre, la mode était de crier à la décadence des races latines. La supériorité des autres races — y compris la race jaune, souvenez-vous-en — était un dogme reçu et qui s'étalait en axiome sur les couvertures de livres à grand tirage.

Dans l'*Énergie française*, j'ai présenté les objections qui me venaient à l'esprit. Pour la *Paix latine*, mon champ d'observation s'est élargi. Ici, comme là, ce ne sont, il est vrai, que des impressions ; qu'on veuille bien les accepter comme telles ; si on me discute, je demande qu'on le fasse non seulement avec des arguments ou des chiffres, mais avec la connaissance des réalités et de la vérité vivante, sur la vue directe des choses. Je m'incline devant l'autorité des économistes ; je décline leur compétence.

Somme toute, il m'a paru que les races latines valaient mieux qu'on ne le dit généralement. Les problèmes qui les agitent sont de ceux qui ont soulevé le monde depuis qu'existe cette aspiration commune vers une vie plus noble qui s'appelle civilisation.

J'ai cru remarquer aussi que ces populations, mal comprises, se comprenaient mal entre elles, et que leur faiblesse relative tient à une funeste habitude de querelles intestines et aux suites habilement entretenues et exploitées d'un long malentendu.

Cette impression, je l'avais eue déjà dans des circonstances qu'il me sera bien permis de rappeler ici. Au moment où je fus nommé ministre des affaires étrangères, les relations entre la France et plusieurs des nations latines étaient difficiles. Sur nos frontières, nous ne trouvions que des visages froids : un cercle de mauvaise humeur nous enserrait.

Sans mêler plus qu'il ne convient la Belgique aux affaires de l'État indépendant du Congo, on ne peut nier que l'incident diplomatique de 1894 relatif à la vallée du Nil menaçait d'avoir une certaine répercussion sur les sentiments de deux pays voisins destinés, pourtant, à une constante et confiante cordialité.

Avec la Suisse, demi-latine tout au moins, nous étions en état de rupture et même de lutte économique déclarée; un premier projet de traité de commerce longuement élaboré n'avait pu obtenir l'approbation du Parlement; dans la presse, une sorte d'aigreur réciproque se manifestait.

Avec l'Espagne, une entente commerciale pouvant entraîner d'autres conséquences n'avait été conclue qu'à titre provisoire et depuis quelques mois.

Du côté de l'Italie, enfin, sous le ministère de M. Crispi, les relations étaient telles que l'on pouvait tout craindre.

Cette situation générale, qui résultait d'une accumulation de circonstances, pour la plupart indépendantes de la volonté des hommes, était franchement mauvaise. Je n'avais qu'à suivre les exemples qui m'étaient laissés par mes prédécesseurs pour m'efforcer d'y porter remède. J'eus le bonheur d'y réussir. L'incident franco-congolais fut promptement réglé. Un traité de commerce qui, dans la pratique, donna satisfaction aux deux parties fut conclu avec la Suisse. L'Espagne, heureuse de la prolongation des arrangements commerciaux, s'abandonna, avec une bonne grâce croissante, à la sympathie mutuelle du bon voisinage. Enfin, entre la France et l'Italie, après une période difficile qui eut son point de tension extrême au moment du rappel de l'ambassadeur Ressmann, les dispositions se modifièrent.

Une grave difficulté était en perspective : l'échéance des conventions qui engageaient la Tunisie à l'égard des puissances européennes. Le sort de la Régence et celui de la Méditerranée étaient en suspens. Mais, par une volonté réciproque, l'orage menaçant se dissipa. Un esprit de conciliation et de concessions dû surtout à l'influence de M. le marquis di Rudini et de M. le marquis Visconti-Venosta, inspira les pourparlers qui eurent finalement pour résultat les divers arrangements qui confirmèrent le protectorat de la France sur la Tunisie, qui laissèrent à celle-ci la disposition pleine et entière de la puissante position maritime de Bizerte, et qui déterminèrent les conditions d'un prochain traité commercial.

Ce dernier acte fut lui-même préparé, discuté, accepté de part et d'autre, du temps où M. Billot était encore ambassadeur à Rome. Il ne manquait que les signatures. L'œuvre générale de pacification entre les deux puissances était, en somme, un fait accompli.

Rendu à la vie privée, je ne perdis pas de vue les questions qui, aux affaires, m'avaient si longuement occupé. Partout j'avais rencontré le problème méditerranéen : jadis, à Constantinople; puis, à Tunis, au Maroc, en Italie, en Grèce, en Crète, en Syrie, en Égypte.

Et, par une obsession plus instante, je le trouvais encore en face de moi, au cours des études et des recherches que je poursuivais pour l'histoire du cardinal de Richelieu.

La politique de la France eut, en effet, au XVIIe siècle, une heure d'hésitation. Deux voies s'offraient à elle : ou recommencer les croisades et mener la chrétienté à un assaut décisif contre l'Islam, ou renoncer à la guerre sainte et s'appliquer à la constitution d'une puissante nationalité française à l'heure où les autres nationalités européennes avaient, à peine, conscience de leur existence.

De ces deux politiques, la première, pontificale et impériale, eût mis l'axe du monde à Rome ou à Vienne; l'autre, laïque et nationale, devait assurer le premier rôle à Paris. Richelieu en délibéra.

Il avait, auprès de lui, dans son cabinet même, l'apôtre convaincu et déclaré du parti de la croisade : c'était le P. Joseph. Pendant des années, le capucin, dévoué aux idées romaines, s'efforça d'entraîner son illustre ami. Celui-ci l'écoutait, attentivement, cordialement. Tous deux, ils pesaient le pour et le contre. Enfin, Richelieu se décida et ce fut lui qui entraîna le P. Joseph, sinon dans sa conviction, du moins dans son action. On abandonna la politique de la croisade et on engagea la lutte contre la maison d'Autriche. Cette résolution prise par le grand Cardinal, au moment où la guerre de Trente Ans déchirait et ruinait l'Allemagne, décida du sort de l'Europe.

J'avais donc à poursuivre une double enquête sur les origines de la politique française et sur les mobiles de la politique contemporaine : je partis.

J'exposerai bientôt, dans le troisième volume de l'*Histoire de Richelieu*, les résultats de mes études en ce qui concerne le passé. Aujourd'hui, je voudrais, en réunissant dans ce volume les notations qui ont paru déjà, au fur et à mesure de mes voyages, grouper en un tableau d'ensemble les rapides croquis que j'ai recueillis au cours d'un itinéraire trop large peut-être, mais où j'ai toujours été guidé par une seule et unique pensée : la recherche loyale de la vérité.

II

Pour l'humanité, le lieu d'élection, sur la terre, serait, sans doute, le vaste cirque qui verse ses eaux dans la mer Méditerranée.

Quitter ces bords heureux est un exil ; y revenir est un mouvement naturel. Le climat y est doux, l'air y est pur, les eaux pleines de caresses, de surprises et de séductions. Les hautes montagnes couvertes de neige précipitent vers la mer la fraîcheur des sommets; les plaines sont riches par la fertilité du sol et la suite variée et féconde des saisons. Partout, le blé et la vigne poussent; c'est le pays où fleurit l'oranger.

La Méditerranée fut pour l'antique humanité la grande éducatrice et la grande civilisatrice. Les idées qui ont de l'avenir ont pris naissance ici. Il ne s'est guère vu qu'une haute initiative née ailleurs ait gagné ces parages et les ait conquis. Depuis deux mille ans et plus, un mot dit à Rome, retentit dans l'univers : qu'un vieillard prisonnier volontaire lève la main pour bénir, et, par toute la terre, des milliers d'hommes sont en prière.

Pendant de longs siècles, un flux régulier a répandu la conquête méditerranéenne, la pensée méditerranéenne, la civilisation méditerranéenne, sur le reste du globe. L'Égypte, la Phénicie, la Grèce, Rome, la Judée, l'Italie, l'Espagne, la France se sont succédé et se sont passé le flambeau, filles d'une même nature, ouvrières d'une même tâche.

Ce sont ces peuples qui ont civilisé l'Europe, abordé aux îles Cassitérides, accompli les périples, pénétré les forêts de la Germanie, découvert le chemin des Indes, rencontré l'Amérique, percé le canal de Suez, modifiant, par un effort constant de leur volonté, la figure même de la planète. Les langues, les mœurs, les œuvres dignes de survivre sont leurs tributaires. La Bible est lue partout, et partout la loi romaine est enseignée. Ignorer cette tradition, c'est, décidément, barbarie.

Pourquoi faut-il ajouter que ce magnifique héritage semble péricliter dans les mains de ses légitimes détenteurs? Pourquoi la concurrence d'autres races a-t-elle paru l'emporter? Pourquoi tant de terres fécondes, sur ces bords heureux, sont-elles abandonnées? Pourquoi les contrées qui ont été habitées et aimées, d'abord, par l'humanité sont-elles délaissées? Pourquoi le nom de barbares s'applique-t-il maintenant à des parties du monde qui ont vu naître les premières civilisations ?

A cet état de choses, il est des causes si notoires qu'il est à peine nécessaire de les rappeler. Depuis les temps où la Méditerranée était le centre du monde, ou, pour mieux dire, était, à elle seule, le monde connu de l'humanité, la terre a été découverte, des continents ont surgi, des océans, l'Atlantique, le Pacifique, l'Indien, sont devenus d'autres Méditerranées : la nôtre n'est plus qu'un étroit couloir.

Les peuples qui habitent les terres nouvelles ont, rien que par leur nombre, accablé les races méditerranéennes. Que pèseraient la Crète, la Grèce, la Sicile, la Macédoine, Rome elle-même, auprès des agglomérations anglo-saxonne, germaine, slave, américaine ?

Ces pays lointains, ces populations multipliées ont des ressources et des besoins différents des besoins et des ressources de l'antique humanité. La vie est plus pénible dans ces contrées rudes. La chaleur solaire défaillante cherche un secours dans l'épargne de chaleur que la planète a entassée dans son sein. La houille est, à son tour, une éducatrice pour l'homme. Elle crée des civilisations et bâtit des villes. Ceux qui avaient mis l'âge d'or au temps du vieux Saturne n'avaient pas prévu qu'à l'âge du fer succéderait l'âge du charbon.

Le besoin a suscité l'industrie et le génie humains. Les établissements colossaux, nécessaires à l'humanité moderne, ont dépassé et déclassé, si j'ose dire, les temples élégants sur lesquels se brisaient les flèches dorées de l'arc apollinien. Des hommes au corps blanc, au poil roux, au squelette haut et résistant, à l'énergie indomptable, s'emparent chaque jour des terres neuves, et leurs grands gestes heurtés refoulent même des terres anciennes l'activité et la vivacité méditerranéennes.

Se condamnant eux-mêmes à un travail forcé, produisant et surproduisant sans cesse, ils ont gagé, sur la fortune acquise et amassée, un autre instrument de conquête, le crédit.

Par une série d'opérations obscures qui dépassent et exploitent l'insouciance légère et le sens un peu court du vigneron et du planteur d'oliviers, le prêteur moderne a envahi le champ paternel; il s'est substitué au propriétaire légitime; il a subordonné la main-d'œuvre débonnaire; il a mis à l'encan la terre des Pharaons et l'Empire d'Alexandre.

Le papier de banque sert de voile aux nouveaux Argonautes, si bien que les Méditerranéens, pris dans une série de calculs mathématiques et juridiques auxquels ils ne comprennent pas grand'chose, donnent des mains, chaque jour, à la faillite de la Méditerranée.

Ces faits sont d'hier et ils expliquent assez les lamentations qui retentissent sur ces bords où résonna longtemps l'écho du rire et la chanson joyeuse de la prospérité.

Cependant, même cette concurrence, même cette lutte acharnée, la race méditerranéenne eût pu la soutenir. Elle a, pour combattre, ses qualités natives, sa vivacité, sa promptitude, sa sobriété, sa plasticité. Elle ne craint pas sa peine; sa force est inépuisable et ses besoins mesurés. S'il le faut, elle saura retrouver dans son propre sol des mines que sa modération négligeait ou obtenir, de ses montagnes, la richesse accumulée des hautes chutes ; et puis, cette race est seule capable d'occuper utilement l'immense partie du globe où règne en maître son père à elle, le soleil.

> Et toi, sacré soleil dont je suis descendue !

Dans ce monde nouvellement découvert, combien de provinces sont réservées, si elle le veut, à son endurance, à sa prolificité !

Mais, pour cela, il faut qu'elle le veuille, il faut qu'elle porte remède aux maux qui ont fait sa faiblesse et qui ont amené ses premières défaites. Il faut qu'elle renonce à ses agitations stériles et à ses divisions; il faut qu'elle dénonce ses haines intestines; il faut que, par un acte énergique et conscient, elle dissipe les traditionnels malentendus.

III

La Méditerranée, vieille demeure de l'humanité, reste l'asile des vieilles querelles humaines. C'est d'elle qu'il a été écrit : « *tradidit mundum disputationibus illorum* »

Des populations vives et impressionnables, ardentes et passionnées sont en contact, mais aussi en conflit par la proximité des rivages et la courte séparation des eaux. La piraterie est facile d'île en île et de promontoire en promontoire ; les vendettas sont durables entre ces pointes et ces sommets qui ne se perdent pas de vue.

Mais la querelle méditerranéenne relève d'une tradition plus lointaine. Aux lieux où les premiers groupements apparurent, l'histoire, à la première heure, voit l'humanité en un geste de combat. Dans l'Asie centrale, les deux peuples, aryen et sémite, sont debout et luttent. L'alternative de leurs triomphes et de leurs revers avec les substitutions successives des uns aux autres est la première démarche connue de la civilisation.

Or, ces deux races, sœurs par l'origine, ennemies par l'histoire, descendirent en même temps, sans interrompre la lutte, vers les rivages méditerranéens, et elles s'y installèrent ensemble en se combattant toujours. Ce sont donc les passions des ancêtres qui se transmettent des pères aux enfants; les sangs hostiles se mêlent parfois; ils ne s'apaisent jamais.

Aryens, sémites, — chien et chat, — ils s'attaquent et se poursuivent, léguant de part et d'autre, à leurs successeurs l'instinct des luttes implacables et la tradition des vengeances inapaisées.

C'est donc, d'abord, le conflit des races, celui qui, sur les fresques des temples de Thèbes, met aux prises les flottes égyptiennes et les vaisseaux de l'Archipel, celui qui, au siège de Troie, insurge l'Europe contre l'Asie, celui qui jette sur la Grèce l'avalanche persane, et qui, peu à peu, progressant dans l'espace et dans le temps, livre les jeunes Athéniens au Minotaure crétois, fait, de la Sicile, un éternel champ de bataille et une éternelle proie, dresse Carthage contre Rome et Rome contre Carthage, pousse les barbares sur le Rhin et sur les Alpes, arrête Attila aux champs catalauniques, étend jusqu'en Espagne et jusqu'à Poitiers la victoire asiatique, lance les uns contre les autres les héros des deux rivages, à Candie, à Rhodes, à Alger.

Permanent et peut-être irréductible, le conflit des races s'excite ou s'apaise selon une loi d'action et de réaction constante ; mais aussi il s'anime et reprend, le plus souvent, au choc des intérêts rivaux. Ces frères ennemis sont, entre eux, des concurrents acharnés et des cohéritiers exigeants. Selon que le monde, par une alternative plus ample encore que celle de la victoire et de la conquête, se porte vers l'est ou vers l'ouest, le conflit se promène d'orient en occident.

Au début, l'antique humanité, accrochée à l'Asie comme à la mamelle, est toute tournée vers le soleil levant ; mais, bientôt, les navigateurs phéniciens courent sur les eaux jusqu'aux colonnes d'Hercule et ainsi une première conquête économique et maritime se développe vers les mers occidentales. Plus tard, la Méditerranée prend sa revanche. Alexandre démolit Tyr, conquiert l'Asie jusqu'aux Indes, impose à l'Égypte une nouvelle capitale, Alexandrie. L'Empire romain se fonde : c'est une victoire de l'Europe ; il est transporté à Constantinople : la balance penche vers l'Asie ; le monde romain est occupé par les Barbares : l'équilibre est rétabli.

Venise et les villes italiennes héritent de l'Empire byzantin ; mais Vasco de Gama doublant le cap de Bonne-Espérance et Christophe Colomb découvrant l'Amérique, détruisent la splendeur italienne et ouvrent l'avenir aux puissances occidentales.

Celles-ci prospèrent ; la Méditerranée languit. Mais Ferdinand de Lesseps perce l'isthme de Suez et retourne le monde vers l'Orient. Et il semble qu'à l'heure présente, suivant ce mouvement de bascule prodigieux et remontant le cours des âges, l'Europe s'apprête, dans une nouvelle phase du passe-pied séculaire, à entreprendre cette

« marche vers l'est » qui décidera du sort de l'Asie.

Ainsi les races s'attaquent, les intérêts se heurtent; mais un autre conflit plus ardent encore et, si j'ose dire, plus spécialement méditerranéen complique infiniment une mêlée déjà si obscure : c'est le conflit des idées.

Ces populations sont éminemment idéalistes. Peu astreintes aux préoccupations matérielles, ayant dans leurs veines le sang des pasteurs de la Chaldée, ayant appris, à l'école de la Grèce, la leçon de la philosophie, elles lèvent les yeux dans les nuits claires et les fixent sur le ciel.

Par le travail de la pensée ou dans l'aspiration enivrante de la foi, ces âmes sont portées, d'un mouvement constant, vers les régions supérieures où l'être se perd dans la recherche, dans la contemplation, dans le rêve. Pour elles, la vie de l'homme est une « âme », c'est-à-dire un souffle. Les besoins sont si faciles à satisfaire sous ce ciel heureux, et l'extrémité de la sensation matérielle si vite atteinte !

Toutes les civilisations nées ici ont incliné l'homme vers le dédain du matériel et la passion du spirituel.

Elles vont droit vers l'absolu, toujours au delà et toujours par delà. La vue éternelle et face à face de la divinité ne serait pas trop forte pour ces âmes aux ailes puissantes et pour ces inéblouissables regards.

Mais aussi, quel âpre cri de victoire, quelles étreintes jalouses, quel intolérant mépris pour ceux qui n'ont pas parcouru les sphères supérieures ou qui n'ont pas connu les délicieuses souffrances !

Effort des âmes : conflit des âmes. Cette fois, la conciliation est impossible ; un effrayant orgueil prononce la formule de ces luttes hautaines : « Pas de trêve entre la vérité et l'erreur ». Une sérénité affreuse n'hésite pas devant le bûcher de Jean Huss ou devant les hécatombes de l'Inquisition. Car chacun de ces hommes, tortionnaire ou martyre, incrédule ou mystique, tient et tient seul toute la vérité.

Comme toutes les autres conquêtes, comme

toutes les autres victoires, comme tous les autres butins sont peu de chose auprès de celui-là!

Existe-t-il un nom assez beau pour qualifier un rêve, une croyance, un raisonnement, une foi enfin, maîtres de l'infini ? Ce qu'ils ont trouvé, ils l'appellent Ciel, Paradis, Liberté Justice, Divinité : « Le verbe s'est fait chair et il habite parmi nous », dit celui-ci; cet autre égrène indéfiniment, sur son chapelet, les trois mots qui suffisent: « Allah est Allah! ». Cet autre n'ose même pas remuer les lèvres; il ne nomme même pas ; il s'incline et prie. Cet autre, enfin, va par le monde semant la fière parole qui brave les dieux et dépeuple le ciel.

Ces convictions farouches se heurtent. Quelles batailles alors, filles du dédain réciproque et de l'accusation mutuelle d'aveuglement, de stupidité et de mauvaise foi.

« Vraiment, cette bête odieuse fait pitié! ».

— C'est un autre croyant, voilà tout, et il te rend mépris pour mépris, haine pour haine, dent pour dent.

« — Tu ne vois pas, aveugle : crime inexpiable! tu n'entends pas, tu ne sais pas, tu ne veux pas : tu n'es qu'un chien ! »

Et le terrible conflit brame son cri de guerre et emporte les foules sur des chemins de croisade, et ensanglante ces rivages divins et déchire affreusement la famille de ces passionnés d'idéal pour qui la terre n'est plus rien puisqu'il s'agit du ciel.

Dans cette lutte, c'est l'âme syrienne, c'est l'âme grecque, c'est l'âme romaine, c'est l'âme mauresque qui s'entre-battent éternellement. Moloch demande encore des sacrifices. Le mouvement intérieur qui soulève le bras d'un rédif est la suite en action d'une pensée qui peut-être prit naissance dans le cerveau d'Anaxagore. De quoi la tradition méditerranéenne n'est-elle pas faite? Cette ardeur farouche vient de la peine qu'il fallut pour dégager, de la matière, la pensée victorieuse et immortelle. Que sont les vies humaines à ce prix?

Le conflit des races et le conflit des intérêts s'absorbent et se perdent dans le conflit des idées. L'esprit agite la masse. Athènes,

Jérusalem, Alexandrie, la Mecque, Rome, voilà les véritables patries. Vers la « pierre Noire » ou vers le Saint-Sépulcre, les longs pèlerinages s'acheminent. Rien que la mort n'arrêterait la fourmilière en marche. Constantin, Omar, Godefroy de Bouillon, saint Louis, Bajazet, le Cid, voilà les vrais héros. Cannes, Poitiers et Lépante, voilà les mémorables journées.

Quel spectacle que celui d'un peuple, ou, du moins, d'une légion thébaine qui tue ou meurt pour sa foi !

IV

Il y eut cependant des heures plus douces où les armes tombèrent des mains : heures uniques, délicieuses, inoubliables, qui montrent ce qui se passerait en ces lieux exquis si l'âme apaisée l'emportait enfin sur l'âme farouche.

Après Salamine, la Grèce dominant l'Asie-Mineure, les îles de l'Archipel, de la mer Ionienne, de l'Adriatique, ayant semé de ses colonies les rivages de l'Italie, de la Gaule et de l'Espagne, maîtresse de la pensée, maîtresse du commerce et maîtresse des arts, assure au monde une courte période de repos et de splendeur qui illumine encore l'histoire et qui sera toujours, pour elle, l'idéal incomparable qu'aucun effort humain ne dépassera jamais.

Rome, après avoir vaincu Carthage, conquis la Grèce, contenu Mithridate et refoulé les Parthes jusqu'au fond de l'Asie, posa des bornes au bout de ses conquêtes et proclama « la paix romaine ». Alors, la Méditerranée respira d'un souffle unique. Tous les dieux étaient, en même temps, partout, adorés. A Rome même un Panthéon leur était consacré. On crut que l'ordre était établi pour toujours, tandis que la même langue et les mêmes écoles enseignaient à l'univers la leçon de la philosophie, de la tolérance et du droit.

Au moyen âge, la papauté poussa d'un vol plus hardi encore jusqu'à des régions que l'Empire n'avait pas connues. L'unité matérielle était perdue ; mais ne touchait-on pas à ce millénaire où l'univers allait se fondre dans l'unité spirituelle pour n'être plus qu'une vaste catholicité ? D'autres splendeurs accompagnaient ce prodigieux essor de l'âme qui retomba d'une chute d'autant plus terrible au moment où elle croyait atteindre le ciel.

On eût dit que dans un coin de la mer bleue cet idéal se réfugiait et se réalisait quand on vit, en Sicile, les trois civilisations s'unir, s'apaiser, communier et mêler leurs goûts et leurs arts dans une conception forte et souple de la doctrine et de la vie.

Après d'autres combats, une autre paix : ce fut le commerce qui la scella. Les cités italiennes se substituèrent à l'absurde et intolérante domination byzantine. Nul fanatisme, un scepticisme tranquille, une honnête façon d'être avec des ennemis qui sont, en somme, des clients. On traitait, on trafiquait, on échangeait les produits, on payait avec les « besants » ayant sur une face la croix et sur l'autre face le croissant : la renaissance italienne, mi-antique, mi-orientale, aimait les richesses des Indes, les velours, les draps d'or et les armures venues de la Perse ; ceux qui la peignirent et ceux qui la chantèrent eurent vraiment l'âme méditerranéenne.

Il y eut, enfin, une autre époque splendide. Marseille, se prêtant aux desseins de Colbert, fit, de la Méditerranée, un *lac français*. Les flottes du grand Roi inspiraient partout le respect. La paix régna sur les eaux : la langue des Francs, la religion des Francs, l'autorité des Francs pénétrèrent jusque dans les derniers villages du Liban et du Taurus : les ambassades lointaines venaient saluer l'autre soleil.

Ainsi, la Méditerranée, selon qu'elle est en guerre ou en paix, connaît l'extrême misère ou l'extrême prospérité. Quand elle suspend ses discordes, quand elle respire d'une seule âme, et chante d'une seule voix, il n'est pas de moment plus suave ni de concert plus mélodieux. Mais son esprit inquiet l'agite sans cesse. Le vent fraîchit sur ces lames courtes, l'ambition sévit sur ces âmes âpres. La tempête se lève et il faut de longues heures et parfois des violences insignes pour ramener la sérénité.

Cependant, quand le calme règne ici, le monde est tranquille, tant la Méditerranée rayonne encore sur l'univers. Or, cette paix méditerranéenne, si nécessaire, elle dépend de ces races privilégiées qui sont les véritables héritières de l'antiquité, les filles de Rome, celles qui, malgré tout, gardent la tradition des civilisations originales : la paix universelle se fera par la « paix latine ».

Constantinople, Suez, Salonique, Tanger, voilà les points qui seront disputés par l'avenir, voilà les lieux où passent les grands chemins du monde. Nous sommes encore en présence du conflit des races, du conflit des intérêts et du conflit des idées.

V

La question de la croisade est posée comme elle le fut au moyen âge et au xviie siècle; nous allons retrouver devant les hommes d'État les mêmes problèmes, dans leurs pensées, les mêmes hésitations. L'Europe va-t-elle se soulever une fois encore, à la voix d'un Pierre l'Ermite laïque, pour faire campagne contre les infidèles et pour refouler l'Asie? Elle le peut.

Qu'elle réfléchisse pourtant; l'heure, prochaine peut-être, du premier combat sera probablement celle d'un universel conflit, d'une guerre d'extermination laissant dans les âmes méditerranéennes et, par là, dans le monde entier le germe d'une implacable et infinie hostilité.

Ne se hait-on pas depuis trop longtemps pour faire un tel legs à l'avenir?

Que l'Europe suspende son bras levé; qu'elle écoute encore les conciliateurs.

Je suis parmi ceux-ci; depuis longtemps, j'ai exprimé mon avis, j'ai dit, j'ai agi, j'ai cherché, je cherche encore. Je crois encore, désespérément, à la paix.

On parle d'une lutte décisive avec l'Islam?

Se laisserait-il vaincre si facilement, que je ne vois pas l'avenir qu'on prétend lui réserver. On n'extermine pas cent millions d'hommes d'un trait de plume, ni même à coups de canon. Les refouler ? Où ? Quelle est la place que vous leur assignez ? Dans cette Asie-Mineure ou dans cette Asie centrale que vos chemins de fer parcourent déjà et où leur collaboration et leur main-d'œuvre vous sont nécessaires ? Dans cette Afrique que vous avez explorée de part en part et où il ne reste plus une province dont vos déliminations ne se soient emparées ? Où donc, encore une fois ? Aux Indes, en Chine ? Ne voyez-vous pas que, là aussi, ils retomberont sur vos frontières, puisque le monde vous est devenu trop étroit ?

Il n'y a pas d'autre issue : la paix. Ah ! je connais les obstacles. Je sais que nous avons affaire à des âmes farouches. Je sais qu'il est difficile d'obtenir d'elles les sacrifices et les garanties qui sont pourtant nécessaires ; je sais qu'à la première parole d'humanité qu'on leur adresse, elles se rebellent en croyant entendre une parole de servitude ; je sais qu'elles attendent, avec un exclusivisme passionné, leur survivance, leur grandeur future de cette religion hautaine qui n'admet nulle égale.

Mais n'est-ce pas précisément dans le respect que nous devons à ces croyances, dans la capacité où nous sommes de nous incliner devant un des plus puissants efforts de la pensée humaine, en un mot dans l'esprit de tolérance mutuelle conquis par l'Europe après des siècles de lutte désespérée, n'est-ce pas dans cet esprit que se trouve notre principal moyen d'action? Le catholicisme de la pensée, plus large encore que celui de la foi, ne craint aucune concurrence, pas même celle des mosquées.

La France, la France de saint Louis, mais aussi la France de Voltaire, a donné, ici encore, un noble exemple. Dans la question méditerranéenne, elle a introduit une conception nouvelle, celle de l'union, de la collaboration dans le respect réciproque; elle veut substituer, à la guerre, la paix; à la domination, le consentement; à la violence, la persuasion. Le régime qu'elle inaugure s'appelle, d'un mot qui se sent encore des anciennes luttes, *protectorat*. Changez le mot, si vous voulez, mais organisez l'union des races, la combinaison des intérêts, la mutuelle estime des consciences; remontez à l'origine du malentendu; retrouvez, si vous pouvez, dans les discussions des écoles d'Alexandrie, l'heure où les chefs d'école se sont séparés; ou plutôt considérez les réalités vivantes : de vastes pays à cultiver, des populations nombreuses à sauver, à instruire, à élever.

La religion a été longtemps la raison de la guerre; qu'elle devienne l'instrument de la paix. Vous cherchez une politique, une issue. Si vous fermez les yeux sur les exemples récents, ne vous refusez pas, du moins, à cette parole profonde de Napoléon : « Il nous est impossible de prétendre à une influence immédiate sur des peuples pour qui nous sommes si étrangers; nous avons besoin pour les diriger d'avoir des intermédiaires... J'ai préféré les ulémas et les docteurs de la loi... Je les ai intéressés à mon administration; je me suis servi d'eux pour parler au peuple; j'en ai composé les divans de justice; ils ont été le canal dont je me suis servi pour gouverner le pays. »

Les races latines ne sont-elles pas les instruments nécessaires de cette politique de concorde et de salutaire influence? Par le contact, l'endosmose; par la sympathie, la confiance. Pourquoi laisseraient-elles à d'autres le mérite et les avantages d'une solution pacifique qui est la seule raisonnable, la seule équitable?

Une longue histoire leur a appris la vanité des dominations trop vastes, l'impuissance des ambitions sans frein, et, par contre, l'autorité de l'équilibre et la force de la modération.

Voisines séculaires des peuples orientaux, héritières des mêmes traditions, parlant souvent le même langage, elles peuvent, par leurs écoles enseigner, par leurs conseils diriger, par leur intervention sauver et améliorer. Le voulût-on qu'on ne saurait, ici, se passer d'elles. Et, par contre, tous ces peuples n'ont-ils pas le même intérêt à ce que les chemins qui passent devant leurs portes soient libres, à ce que les limites méditerranéennes soient respectées ? Que ces limites fléchissent sur un point, et ils souffrent tous également.

Si des catastrophes venaient à éclater ce serait pis encore. Déjà épuisés, comment supporteraient-ils de nouveaux sacrifices. L'argent manque : où le trouver? Le sang s'affaiblit, dites-vous : faut-il en verser davantage ? En vérité un nouveau conflit méditerranéen est au-dessus des forces de la Méditerranée.

C'est donc aux nations latines qu'il appartient de désirer, de vouloir et d'imposer la paix. Cela elles le peuvent et sans elles on ne peut rien. Elles ont leur place dans les conseils ; elles ont des alliés qui les écoutent ; elles occupent des points qui empêcheraient le duel si elles refusaient d'y prendre part.

Mais, pour exercer cette autorité, pour emporter cette victoire sans effusion de sang, il leur reste un dernier pas à faire dans la voie où elles sont d'ores et déjà engagées. Qu'elles se pacifient elles-mêmes et elles seront les arbitres de la paix.

Fondés ou non, les dissentiments antérieurs ont été aplanis; parmi les malentendus les plus graves sont dissipés; ces nations voisines et sœurs ont toutes, désormais, cette assurance qu'aucune d'elles n'a rien à craindre de l'une d'elles. Partout, l'unité est faite; partout la liberté règne; les intérêts économiques sont les mêmes; les intérêts de l'épargne sont solidaires; les contacts sont rétablis. Si rien ne trouble le présent, aucune raison de conflit ou même de méfiance réciproque n'apparaît dans l'avenir.

Allons jusqu'au bout, pourtant. Ces races idéalistes ne se laissent pas guider seulement par la considération des intérêts; d'autres soucis et d'autres aspirations les agitent. De leurs discordes séculaires, il reste un déchirement suprême : le conflit des âmes subsiste.

Au sein des races latines et au sein des races latines seules, — non entre elles, mais en chacune d'elles, — un grave antagonisme s'est déclaré entre les croyances et la science. C'est encore la bataille des idées; chacun prétend encore détenir la vérité.

Rome est en lutte contre Rome; le cœur contre l'esprit. « Faillite de la foi! » disent les uns; « Faillite de la science! » crient les autres. Telles sont les invectives modernes. On se divise aussi violemment qu'on le fit jadis sur la question de la divinité du Christ et sur celle de la grâce. Sommes-nous donc incapables du repos?

On va chercher jusque dans la conformation des cerveaux et dans le conflit des races l'explication de la querelle que l'on affirme ainsi providentielle et irréductible. « Le peuple juif a produit la religion et le peuple grec la science; il a fallu deux races différentes pour développer les principes de croyance si opposés » (Taine); quand il serait si simple d'admettre que, la vérité et la justice ne pouvant se contredire, la solution intellectuelle, la solution humaine est dans l'unité!

L'apaisement est-il possible en un débat si tranché? Pourquoi pas? Est-ce que ce même débat existe chez d'autres peuples d'une mentalité pourtant très voisine de la nôtre? N'exagérons-nous pas ici encore une fois de plus les affirmations et les dissentiments de l'École? En tout cas, le devoir est de chercher à guérir un mal qui entretient, parmi nous, la pire des faiblesses, la division des âmes.

Voici, enfin, le dernier pas à franchir.

La pensée moderne, fille de la nature et de l'histoire, est assez vaste pour embrasser et pour comprendre toutes les aspirations du cœur, toutes les démarches de l'esprit.

Repassant les étapes qui ont été accomplies depuis que l'humanité a commencé le voyage ; prenant à l'origine le craintif et vaillant animal qui, se dressant au-dessus du limon originaire, osa lever la tête et en se montrant debout, nu et désarmé, brava le danger d'être vu, pour regarder le ciel ; évoquant le souvenir des terreurs séculaires qui pesèrent sur lui et de l'émotion qu'il éprouva quand il découvrit la beauté du monde ; suivant la lente substitution de la science qui se lève à l'ignorance qui se dissipe ; devinant, par la longueur du chemin parcouru, celui qui reste à parcourir ; consciente de ses propres ignorances, de ses faiblesses, de ses terreurs de ses illusions, de ses peines, cherchant elle-même les consolations dont elle a tant besoin, elle comprend, elle admet, elle tolère. Elle est indulgente parce qu'elle est forte. Elle ne prétend pas s'imposer, parce qu'elle sent en elle une puissance invincible. Le monde lui appartient. Elle l'explique et l'éclaire. Elle est calme et sereine comme la lumière...

Comme ta lumière, Méditerranée ! car c'est à toi qu'il appartient de donner encore ici l'exemple et la leçon. Toutes les initiatives vraiment grandes sont venues de toi. Au moment où ta suprématie antique est menacée, tu peux la ressaisir par un apaisement qui viendrait de toi et qui serait ta paix.

LA
RENAISSANCE LATINE

LA RENAISSANCE LATINE (1)

J'écris ces lignes à Palerme, la fenêtre grande ouverte sur la Méditerranée. Le ciel est blanc; la mer de lait; les deux étendues se perdent et se confondent à l'horizon. Une magnifique imprécision les enveloppe d'un rayonnement latent sous le soleil voilé encore par la brume du matin. La voix d'un enfant prolonge sur le quai désert une de ces mélopées nasillardes, appel traînant et plaintif, toujours le même que les peuples divers se renvoient d'une rive à l'autre, sur ces eaux sonores.

Je reviens d'Afrique; j'ai voulu faire, une fois de plus, le tour de la mer lumineuse et je suis arrivé, enfin, dans cette Sicile tant désirée où l'histoire de la Méditerranée et l'histoire de la civilisation se sont donné,

---

(1) Les fondateurs de la revue *La Renaissance latine* m'avaient prié d'exposer les idées qui présidaient à cette création. Je leur adressai ce court morceau qui parut en tête du premier numéro de la revue, le 15 mai 1902.

pendant des siècles, de décisifs rendez-vous.

L'île aux trois pointes, trop belle et trop bien située, a été convoitée et prise par tous les conquérants. Sa grandeur et ses malheurs ont la même origine.

L'Etna fume toujours sur cette terre qui paraît ainsi plus proche de la création. Parmi les vieux monuments, les plus vieux restent debout, épars sur ce sol. Ségeste et Sélinonte couronnent encore, de leurs temples, ses collines rocheuses. Agrigente et Syracuse, dominant au loin la mer, protègent toujours les vallées, maintenant désertes, de la force de leurs murailles et de l'autorité de leurs acropoles. Une grande histoire est écrite partout. Partout, on suit les phases animées du duel méditerranéen. Afrique contre Europe, Carthage contre Rome, Mahomet contre Christ, Barberousse contre Charles-Quint.

Hier, j'étais à Carthage et, de la pointe extrême, je voyais glisser sur le golfe les barques ailées, qui sont les mêmes depuis des siècles et qui portent, comme jadis, ces fils d'Europe qui furent si longtemps des rivaux et qui sont devenus, à la fin, des vainqueurs. Le transbordement d'un continent sur l'autre ne s'est pas arrêté : le bateau qui m'avait amené était rempli par ces nomades des mers qui émigrent sans cesse de l'un à l'autre rivage et qui retrouvent, partout, la même langue, les mêmes mœurs et, sinon les mêmes dieux, du moins les mêmes superstitions.

La Sicile est encore le centre de tout ce mouvement, et elle reste, plus que nulle autre contrée, fidèle à son passé. Comme une leçon suprême, on voit ici, sur les mêmes monuments, toutes les époques, tous les goûts se mêler et se confondre. Les artistes normands ont revêtu d'un somptueux manteau d'or et de gemmes l'intérieur des vieilles mosquées qui n'ont pas perdu leurs rustiques coupoles rouges en devenant des églises.

L'art antique, l'art byzantin, l'art arabe, l'art gothique, l'art espagnol et le détestable barocco se sont épuisés à orner ces sanctuaires successivement usurpés. En somme, on trouve ici un entassement magnifique d'histoire; mais, pour finir, une réalité mesquine. La vivacité et le savoir-faire de la vie moderne ne peuvent dissimuler un vaste délabrement. C'est à se demander si le passé n'obstrue pas l'avenir, si la ruine n'étouffe pas la moisson.

Incertain, d'abord, devant un pareil spectacle, je sentis, peu à peu, monter en moi, fils du Nord, l'angoisse méditerranéenne. Ces rivages si beaux m'emplirent de leur âpre mélancolie. Mais je compris aussi, plus fortement que jamais, la fatalité qui étreint ces peuples. Je vis nettement, à ces heures claires, la gravité de la partie qu'ils jouent, presque à l'aveugle, alors qu'on met en cause leur légitime héritage et qu'ils paraissent se résigner à la brutale sentence qui les déposséderait, au nom de la civilisation, eux les fils aînés de la civilisation !

Car nous en sommes là. La Méditerranée a vécu d'une vie débordante depuis les origines du monde. Ses peuples étaient debout, quand les portes de l'histoire s'ouvrirent. Ils ont construit les temples sur les collines et ils en ont tourné les frontons illustres vers le soleil levant. C'est par eux que la pensée humaine a été façonnée. Il n'est pas une doctrine, pas un rêve, pas un idéal, qui n'ait germé dans ces nobles cerveaux. La vie de l'humanité pendant dix mille ans, c'est l'existence de la famille méditerranéenne.

Rome a ramassé, dans l'unité finale, l'héritage de l'antiquité et, avec son esprit net, elle en a fait l'héritage latin.

La seconde Rome a été catholique comme la première avait été impériale. Elle a évangélisé le monde, comme la première l'avait conquis. C'est donc ici que tout s'est préparé; c'est d'ici que tout est parti. Le monde est tributaire de cet effort magistral.

Et, maintenant, le cycle est-il achevé? Cet air si pur, ces eaux si belles, ces terres si fécondes sont-elles épuisées? Les aînés doivent-ils céder la place aux cadets?

Ou bien, plutôt, ne peut-on pas discerner, déjà, les premiers indices d'un de ces admirables « relèvements », d'un de ces réveils par lesquels ces peuples, parfois lassés de leur gloire, se sont, si souvent, repris et ressaisis. Cette lumière qui paraît, ce soleil qui perce la brume, n'est-ce pas une aurore? Et quand les autres peuples, jaloux d'un incomparable passé, célèbrent le « Crépuscule des Dieux », n'assistons-nous pas, tout au contraire, à une aube, à une « renaissance latine »?

Telle est la question que cette revue nouvelle vient poser et dont les fondateurs m'avaient entretenu. Je ne l'oubliais pas pendant ce long voyage. Mais la réponse fuyait devant moi, tandis que je parcourais cette mer qui était le sujet même de ma préoccupation. Voici, cependant, qu'à force de rouler en moi le problème, une sorte de confiance m'est venue. Est-ce une illusion ? Suis-je le jouet d'un rêve ? Je le livre, tel quel, à la méditation de ceux qui se plaisent à interroger l'avenir.

Il me semble que la prospérité future de ces contrées peut reprendre les voies que la prospérité ancienne a suivies pour les abandonner. Les trois grands faits qui ont changé les destinées de la Méditerranée sont l'invasion des barbares et, en particulier, la conquête musulmane, la découverte de l'Amérique, enfin l'expansion coloniale et industrielle des peuples du Nord. Reprenons donc chacun de ces faits.

Les barbares ont détruit l'unité romaine ; mais ce sont les musulmans surtout qui ont achevé la ruine. Jusqu'à eux, Byzance avait subsisté. Ils ont saccagé les villes, brûlé les arbres, rasé le sol. Là où ils ont passé, il n'est rien resté de ce que l'antiquité avait accumulé. Or, ils ont été les maîtres de tout le vaste bassin, où ils n'ont laissé, après eux, que poussière. La période plus ou moins longue de leur occupation a donc été une perte sèche pour des régions qui ont vu disparaître, en quelques années, le travail des siècles.

La découverte de l'Amérique fut un nouveau désastre. Les voies du monde furent changées soudain : Venise, Gênes, Pise avaient hérité de Byzance le monopole du commerce oriental. Elles périrent, le jour où le cap de Bonne-Espérance fut doublé et où le Nouveau Monde offrit une attraction nouvelle à la hardiesse des navigateurs. Alors, ce furent les puissances occidentales, celles qui étaient alignées sur les rivages de l'Océan et des mers du Nord, qui se repassèrent, les unes aux autres, l'héritage de richesse et de gloire. D'abord le Portugal, puis l'Espagne, puis la France, l'Angleterre, la Hollande, les peuples germaniques et enfin ceux qui appartiennent à la grande famille slave, la plus récente et la plus enfoncée dans les terres.

Ces peuples énergiques, contraints par leur climat même à un labeur constant et à une initiative audacieuse, n'ont rien négligé pour s'assurer l'Empire du monde. Ils sont devenus maîtres dans l'art des lointaines navigations ; ils ont semé l'univers de leurs colonies. Ils lui ont imposé des besoins nouveaux, le sens et le goût du bien-être et du confortable, et, ainsi, ils ont développé, dans des proportions colossales, une forme nouvelle de l'activité humaine que le monde antique avait à peine connue, l'industrie. Favorisés par la présence dans leur sol de substances puissantes, comme la houille et le minerai de fer, ils en ont développé l'usage et ils ont parcouru le globe avec une rapidité sans égale, prétendant n'y pas laisser un coin qui échappât à leur vigilance et à leur esprit d'entreprise.

Dans ce mouvement universel, les peuples méditerranéens, habitués à une plus douce façon de vivre, furent bientôt distancés. Ruinés d'abord, négligés ensuite, ils ont été menacés dans leur existence même. Mais c'est alors qu'ils se sont repris et qu'on vit apparaître les premiers indices d'un changement nouveau.

Il devient évident, dès maintenant, que les terres longtemps laissées à la domination musulmane lui échapperont, à moins qu'elle ne se transforme promptement. L'Afrique était un dernier refuge : elle est percée de part en part. L'Afrique du Nord, notamment, reverra bientôt les beaux jours où elle était le

« grenier de Rome » et où, avec l'école d'Alexandrie et avec les Tertullien et les Augustin, elle fut le laboratoire suprême de la pensée chrétienne.

Géographiquement, un fait nouveau, non moins considérable, s'est accompli. Un homme a modifié la figure du globe : le canal de Suez a été creusé. Ainsi, le commerce du monde a repris, précisément, les voies qu'il avait abandonnées. L'effet de la découverte du cap de Bonne-Espérance est, si j'ose dire, corrigé. Les ports méditerranéens sont appelés à reprendre leur ancienne activité.

Il est facile de constater que l'Europe, dès maintenant, fait, en quelque sorte, un mouvement régressif et qu'elle suspend sa marche vers l'Ouest pour se reporter vers l'Est. Tous les grands travaux modernes se font dans ce sens. Après le percement du canal de Suez, ce sont les chemins de fer du Saint-Gothard et du Simplon, c'est la canalisation du Danube, c'est le percement de l'isthme de Corinthe, c'est la construction du transcaspien et du transsibérien, et voilà que se prépare, maintenant, la nouvelle voie ferrée qui passera par Constantinople, franchira l'Hellespont et se dirigera vers le golfe Persique, à travers des régions, depuis longtemps délaissées, mais qui ont assisté aux premiers efforts de la civilisation. L'antique Mésopotamie rentre dans l'actualité.

D'autres événements, favorables à la grandeur latine, se produisent ou plutôt se développent sur un autre continent. Ce n'est pas en vain que le Nouveau Monde a été découvert par un illustre méditerranéen, Christophe Colomb, et qu'il a reçu le nom d'un autre méditerranéen, Amerigo Vespucci. Ce n'est pas en vain que les rois d'Espagne ont étendu leur domination sur des espaces « où ne se couchait pas le soleil ».

Une race, affiliée à la race méditerranéenne, grandit après des siècles et prend, à son tour, un élan formidable dans ces contrées lointaines. Depuis le Mexique jusqu'à la Terre de Feu, tous les peuples sont d'origine et de langue latines. Une autre conquête, plus durable que celle du fer et du feu, est maintenant réalisée, et il est presque impossible de deviner quel avenir se prépare pour ces républiques jeunes, quand un travail non moins décisif que l'aura été le percement du canal de Suez, — à savoir le percement désormais inévitable de l'isthme de Panama, — aura mis tous les peuples de l'Occident américain en relation immédiate avec l'Europe, d'une part, et, d'autre part, avec les puissances asiatiques rapprochées, transformées et civilisées.

Ainsi, tandis que la race anglo-saxonne couvre les îles du Nord en Europe, et dirige la vaste civilisation cosmopolite de l'Amérique septentrionale, tandis que la race slave remonte vers ses origines et se charge de l'utilisation prochaine des forces déposées dans l'immense réservoir asiatique, tandis que la race germanique cherche sa voie vers l'Europe orientale et vers l'Asie centrale, il me semble qu'une part assez belle est assignée aux peuples latins, ou si l'on veut, aux peuples méditerranéens.

Considérez ces deux péninsules magnifiques, placées, l'une et l'autre, sous l'Équateur, affectant, l'une et l'autre, une forme triangulaire, et allant, l'une et l'autre, en s'affinant vers le pôle : l'Amérique du Sud et l'Afrique. L'hémisphère dans lequel elles sont placées constitue la partie lumineuse et chaude du globe, tandis que l'autre hémisphère ne connaît que des terres plus compactes et plus froides. Eh bien, on peut constater, dès maintenant, que ces deux péninsules sont ouvertes et probablement réservées à l'effort des races méridionales.

Une raison déterminante en a décidé ainsi. Seules, en effet, ces races peuvent se développer et prospérer sous un soleil brûlant, dans un climat meurtrier pour toutes les races concurrentes. Elles seules peuvent s'acclimater, se multiplier sur ces terres immenses et fertiles que leur initiative a déjà transformées.

L'Afrique est latine par l'Algérie, la Tunisie, tous les établissements français du Soudan et de la Côte d'Ivoire, et enfin par le magnifique domaine du Congo belge.

Le labeur italien, la robustesse espagnole, la vigueur française, trouvent là un champ tout prêt et d'où la concurrence des peuples du Nord (qui ont d'ailleurs leur domaine) paraît naturellement exclue. Quant à l'Amérique du Sud, la démonstration n'est plus à faire. Des rameaux vigoureux ont refleuri sur la vieille souche latine et lui promettent, là-bas, le plus brillant avenir.

Ainsi la nature et l'histoire ont travaillé, par une entente tacite, pour préparer aux peuples méditerranéens une tâche magnifique avec des devoirs nouveaux. Un empire plus vaste que ne l'était l'Empire romain leur est dévolu. Situés encore sur les grands chemins du monde, maîtres non seulement de leurs antiques domaines, mais de terres neuves et fertiles, ils pourront employer leurs aptitudes traditionnelles au commerce et à la culture.

Au moment où le labeur industriel va trouver, en lui-même, sa limite et sa règle, par le soulèvement de la main-d'œuvre accablée, le travail individuel du cultivateur, du planteur et du commerçant reprendra probablement ses avantages. La limitation des besoins, la douceur de la vie sous des cieux plus cléments, la simplicité des mœurs, ennoblie par l'amour du beau et le goût des arts, rendront à la civilisation une figure nouvelle, plus conforme à la conception de l'existence humaine qu'a connue l'antiquité.

Ces sociétés futures renonceront peut-être à cette froideur hautaine dont des peuples tristes ont prétendu faire un idéal universel. Le monde ne paraîtra plus une geôle lugubre que l'homme parcourt, comme une bête en cage, avec le secret désir de s'en évader au plus tôt. Il y aura des lieux dans le monde où il fera bon vivre sans s'embarrasser de la recherche savante d'un appareil et d'un luxe qui, imposés par la nécessité, deviennent vite une servitude. La bonhomie naturelle aux peuples méridionaux étendra sa souple tolérance sur une partie de l'humanité qui ne sera pas la moins nombreuse et qui sera peut-être la plus heureuse, parce qu'elle sera moins inquiète et moins âpre...

Si cet espoir n'est qu'un rêve, il est permis du moins de l'entrevoir et de le caresser. Que les races latines le veuillent et elles pourront le réaliser. Tout est prêt.

Ce n'est pas assez de dire que des pays nouveaux les attendent, puisqu'elles les occupent déjà. Qu'elles sachent seulement organiser et défendre la part qui leur est dévolue, qu'elles aient conscience de leur parenté pour garder ensemble un héritage qui leur est commun, qu'elles s'inspirent de leurs illustres traditions, qu'elles suivent les voies ouvertes par leurs ancêtres, et ce ne sera pas en vain que, pour elles et par elles, l'Ancien Monde et le Nouveau Continent auront été découverts, évangélisés, civilisés.

A TRAVERS L'ESPAGNE

A TRAVERS L'ESPAGNE

I

J'ai traversé l'Espagne, en courant, pour me rendre en Algérie. C'est un voyage en coup de vent et dans un coup de vent; car, par ces temps âpres et violents, l'Espagne hiverne à sa façon, non sous la neige et la brume, comme notre France, mais dans la bise et la rafale. On dit : « Un vent à décorner les bœufs »; en Espagne, les bœufs portent les cornes très basses ; probablement pour les garder.

La première surprise de l'Espagne, c'est Barcelone.

Une grande ville américaine, poussée en un demi-siècle sur les bords de la Méditerranée; une population énergique, nombreuse, laborieuse; une industrie hardie et féconde, un commerce habile et ne connaissant pas d'obstacle; des mœurs démocratiques ; une vie toute en dehors et qui semble paresseuse au milieu de l'activité; des places étendues, mais à demi achevées; des boulevards de quatre kilomètres ornés de maisons splendides, entreprises et construites par centaines en un tour de main ; un port vaste et luisant sous le soleil ; des squares et des parcs qui, par comparaison avec le reste de la ville, paraissent délaissés ; des cafés étincelants, des théâtres spacieux ; et enfin, par-dessus tout, la « Rambla », comme qui dirait la Canebière — et ce serait tout dire ! — voilà Barcélone.

Le progrès de cette ville serait, peut-être, sans pareil en Europe, s'il n'y avait, dans tout cela, quelque chose de hâtif, d'aléatoire et de provisoire, une sorte d'incertitude et de malaise dans l'accroissement rapide et dans la richesse à fleur d'étalage, des lendemains qui s'ignorent encore dans un luxe qui se montre un peu. De rares monuments du passé, sauf cet exquis bâtiment des Archives où l'on sent, dès l'entrée en Espagne, la première pointe de l'art mauresque. Pas d'édifices modernes qui méritent d'être signalés, en dehors de cette étonnante église inachevée où l'on dirait que Barcelone a voulu inscrire son état d'âme entreprenant, aventureux et incertain à la fois.

Imaginez-vous, au bout d'une esplanade

déserte, la carcasse d'une nef immense, de forme ronde et qui serait coupée, par le milieu, de haut en bas, comme un pâté; une moitié de la croûte gigantesque n'existe pas et n'a jamais existé, l'autre moitié est debout, attendant que le cercle soit achevé; elle est debout, sans toit, sans vitres, sans piliers, sans soutien d'aucune sorte; c'est un mur blanc demi-circulaire, avec des fenêtres ogivales percées à jour sur le ciel clair.

Devant cette étonnante ruine neuve, on a planté — déjà ! — un portail, qui, lui, est achevé, ou peu s'en faut, mais un portail extraordinaire : une fantaisie, un rêve, je ne sais quel cauchemar sorti d'un cerveau en mal de puissance et d'originalité ; non banal, certes, ni vulgaire, mais étrange et inattendu; tous les ordres, tous les styles, toutes les inspirations à la fois; des colonnes et des troncs d'arbre, des grottes et des niches, des palmiers et des chênes, des racines énormes et des futaies touffues répandant leur ombre de pierre, une arche de Noé végétale, où sont distribués, comme dans toute arche de Noé qui se respecte, les divers animaux de la création : bœufs, chevaux, chèvres, porcs, oies, dindons, lions, tigres, le loup et le mouton, le chat et le rat, le lapin et la belette, l'alouette et ses petits, l'aigle et le moineau franc. Tout cela vivant familièrement parmi des saints débonnaires blottis dans des niches confortables, des saintes extatiques qui sont à leur balcon, des anges, des archanges, des bienheureux et jusqu'à l'image de la divinité.

Et tout ce fouillis, depuis le cèdre jusqu'à l'hysope, est comme un monde de pierre accroché au portail et qui surplombe, de sa vague conception panthéistique, la tête près d'éclater du spectateur. Cette église immense, inachevée, demi-vivante et demi-ruinée, dans son art débordant, mais non indifférent, répond bien à la hardiesse, à la vigueur, à l'élan, à la personnalité, en un mot, de cette nouvelle Barcelone qui a poussé en une nuit comme une couronne de modernisme sur le front vénérable de l'antique Espagne.

La Catalogne une fois traversée, voilà l'Espagne qui s'ouvre; et, cette fois, c'est bien elle, pareille à elle-même, et semblable à nulle autre, l'Espagne ocre, l'Espagne âpre, l'Espagne sans arbres, l'Espagne aux villes de pierre blanche semées sur les sommets, l'Espagne aux longs champs infinis où le vent galope sans obstacle, l'Espagne aux horizons de montagnes violettes et bleues, celle que tout le monde a vue, peinte et décrite, et que le chemin de fer traverse lentement, comme s'il voulait, par la longueur de la route, vous faire pénétrer plus près de la vieille terre et vous imposer plus fortement le charme pénétrant de cette grandeur monotone et nue.

Madrid, tout au milieu, est une création élégante et noble de la civilisation moderne. Mais je vois à peine la ville : l'hospitalité que j'y reçois est comme un voile de cordialité qui se met entre elle et moi. Je dois dérober à l'empressement qui me fait une si douce contrainte les quelques heures consacrées au passé que je viens chercher.

A l'Armeria, c'est l'Espagne des combats héroïques, l'Espagne habillée de fer. Charles-Quint est l'empereur des armures. Il hérite d'une tradition de luttes tenaces et âpres qui fleurit dans cette admirable ferronnerie. Il vivait donc sous le haubert et la cuirasse, à en voir tant et tant qui sont ici rassemblés ! On les montre toutes, là : celle qu'il avait quand il débarqua en Afrique, celle qu'il avait quand il reçut François Ier prisonnier — et celle que François Ier dut rendre à son glorieux rival, — celle qu'il portait quand il dut fuir, à Mühlberg, celles qu'il revêtait dans les cérémonies publiques, dans les tournois, dans les parades, dans les solennités impériales, et je dirai presque dans l'intimité ; car il en est de toutes formes, de toute richesse, de tout usage. Donc, ce chef de l'Europe, de l'Afrique et de l'Amérique, — l'empereur ! — cet homme petit, lourd et trapu, d'après la mesure de lui que nous donne son empreinte moulée tant de fois et tant de fois dans le métal — vivait ainsi vêtu. On dirait que, depuis l'âge si tendre où il monta sur le trône jusqu'à l'âge où il entra à Saint-Just, l'empereur-roi ne désarma pas.

Et ces armures, debout ici comme un peuple de fer, me font penser à une autre que j'ai vue en France, — et à l'autre empereur, Napoléon. Il eut, un instant, l'idée de se voir, lui aussi, vêtu de métal. Il commanda une cuirasse de cuirassier, une cuirasse superbe, tout or et argent ; en même temps, on en fit une plus simple pour le fidèle Berthier. L'empereur s'arma donc une fois, mais une fois seulement! Gros, court, le ventre déjà bedonnant, il se trouva si ridicule, paraît-il, qu'il renonça pour toujours à la fantaisie qui lui était venue, et qu'il s'en tint, décidément, à la redingote grise et au petit chapeau.

L'empereur moderne n'avait rien de commun, en effet, avec les chevaliers du moyen âge. S'il fallait chercher le type napoléonien sous l'armure et sous le casque, on ne le reconnaîtrait plus. La cuirasse d'argent et d'or fut donnée à Berthier; elle est gardée dans les collections du château de Grosbois. Placée près de celle de Berthier, plus élancé et plus svelte, elle précise les mesures exactes de Napoléon et, il faut bien l'avouer, son aspect rondelet met, dans la hautaine légende impériale, une note assez réjouissante.

S'il n'y avait l'Armeria à Madrid, le souvenir des grandes luttes au milieu desquelles se constitua la monarchie espagnole y serait bien oublié; car Madrid est la ville des temps apaisés, des boulevards modernes, des femmes aux yeux fins, des attelages élégants, des palais somptueux et des musées.

Le Musée National est rempli par Velazquez comme une cathédrale est remplie par l'idée de la divinité. Devant ce nom, devant cette œuvre, tout s'efface. Je suis allé tout droit vers lui. J'étais venu pour le voir, pour lui demander un secret, celui des temps où il a vécu et que son œil profond a percé, que son pinceau a fixé pour l'histoire, comme jamais une époque n'a été vue ni peinte.

Dans son œuvre réunie là, dans cette œuvre où l'image de la vie donne, si fantastiquement, l'expression de la vie, j'ai à peine regardé les « menines », les mendiants, les bossus, les nains, à peine les buveurs, les fileuses, les « lances » et même, Dieu me pardonne, à peine cet exquis don Balthazar qu'on ne peut voir sans l'aimer et le plaindre ; mais je n'ai pas eu assez d'yeux et de mémoire pour enfoncer dans mon cerveau et dans mon souvenir l'image du « Roi », — cet autre Louis XIII d'au delà les Pyrénées, ce Philippe IV si noble, si délicat, si « fin de race, » ce visage aux minces moustaches en croc, où le sang d'Autriche s'inscrit dans la ligne du menton, comme il se retrouve, à travers le sang des Médicis, sur l'autre figure pâle de son cousin de France, Louis XIII.

Oui, ils se ressemblent, ces deux héritiers des deux dynasties et ces deux chefs des deux pays ; mais le nôtre, le fils de Henri IV, est, tout de même, plus robuste, moins émacié, plus soldat. L'autre, l'élégant et délicieux chasseur, a juste ce qu'il faut de force pour transmettre aux deux générations qui le suivent le souffle qui va s'exténuant des grands soldats du moyen âge jusqu'à lui. Louis XIII fera encore souche, et souche vigoureuse. Des deux dynasties cousines et rivales, l'une mangera l'autre.

Mais l'homme que je voulais rencontrer surtout, celui que j'étais venu voir de si loin, c'était l'autre ministre, celui qui fut le contemporain et l'adversaire du cardinal de Richelieu, c'était le fameux comte-duc, Olivarès. Le voilà, — assis rondement et lourdement sur le gros cheval qui s'enfuit en galopant. Qu'il est gros lui-même, quelle tournure, quelle croupe, quelle encolure, et de quel air satisfait il se retourne à demi vers le spectateur! Quelle épaisse moustache relevée en touffe! Comme l'œil est tranquille, le teint rouge, le visage émerillonné! Quel bon vivant, quel brave homme, et comme ce cheval, dans son galop conventionnel, l'emporte décorativement vers les désastres inattendus et les défaites toujours surprenantes et qu'on ne s'explique jamais!

Je pense à notre cardinal si fin, si émacié, si attentif, l'esprit si présent dans l'œil mi-clos. Vraiment, sa figure triangulaire et pointue a l'air d'une lame aiguisée exprès pour percer et dégonfler le gros monsieur moustachu qui galope et s'essouffle. Celui-ci, on dirait un modèle pour Rubens. Mais l'autre était bien fait pour Philippe de Champagne, le peintre des cénobites, des taciturnes et de tous ceux, rêveurs ou hommes d'action, dont la méditation a vaincu le monde. Ah! ce brave homme d'Olivarès en proie à ce silencieux, à ce prudent, à ce fabricateur de longs desseins muets, je le plains. Il s'est trop livré à son peintre, c'est-à-dire à tout le monde, à celui qui passe, même après trois cents ans, — tandis que, selon le mot de Pascal, « Monsieur le cardinal ne voulait pas être deviné ».

En sortant du musée, je vais aux archives. Partout les portes s'ouvrent. Un grand et noble ami m'accompagne, et a tout disposé d'avance. Ici, dans les hautes armoires, c'est l'autre secret, non plus celui du peintre et de la vie, mais celui des hommes d'État et de la pensée qui devient action. Les délibérations et les décisions reposent, froides et mortes, sous les bandelettes et les ficelles, inscrites sur les parchemins.

A Simancas, à Aranjuez, à Madrid, le passé vêtu de poussière est classé, énorme, encombrant, décourageant. Assurément, il n'y a pas eu, dans le monde, une monarchie plus paperassière que cette monarchie espagnole. Elle a écrit tout ce qu'elle a médité, arrêté, exécuté. Et il s'agit de la conquête des deux mondes !

Pour le moment, je ne puis faire qu'un tour rapide et m'aboucher avec le savant et complaisant directeur, M. Vignao. Cependant quelques heures passées auprès de lui m'instruisent et m'éclairent déjà. Voici un autre aspect du passé qui s'ouvre sous ses doigts, comme une fleur desséchée : ce sont les lettres de Christophe Colomb, portant son sceau et sa signature : « Christum ferens » (le porteur du Christ)!...

Espagne, que tu fus grande ! Un monde entier se découvre à la vue de cette simple feuille, et un monde animé de la pensée qui fut ta vie unique, celle de ta foi au Christ !

Cette Espagne, le peintre l'a racontée, le frêle document l'évoque ; mais elle est tout près d'ici, vivante ou, du moins, debout encore, dans la pierre et le marbre. Puisque je ne puis aller la saisir à son origine, à Burgos, allons du moins à Tolède, allons à l'Escurial.

II

Tolède livre, d'un seul coup, la clef de l'histoire espagnole. Il ne s'agit pas seulement du site extraordinaire et de cette image inoubliable qui, du pont d'El Kantara, se grave dans l'esprit, aussi fantastique qu'une eau-forte de Victor Hugo; il ne s'agit pas de la beauté singulière et rude des rocs qui, du fond de la vallée où roule le Tage jusqu'à la plate-forme où est bâti l'Alcazar, grimpent et retombent à demi éboulés, comme autant de rochers qu'un Sisyphe découragé aurait laissés là; il ne s'agit même pas de cette cathédrale épaisse, massive, colossale, encombrée d'un luxe si extraordinaire d'autels, de chapelles, de jubés, de galeries, d'ex-voto, de retables, de tableaux, de sculptures, d'inscriptions, de stalles, de grilles, de chefs-d'œuvre connus et inconnus, de « trésors » entr'aperçus ou devinés, qui fatiguerait, pendant des jours et des jours, l'attention de l'antiquaire ; il ne s'agit même pas de cette étonnante série de tombeaux où les rois, les reines, les princes, les connétables, les cardinaux, les évêques, toutes les gloires catholiques sont réunies sous l'or, le marbre, le porphyre et l'onyx, faisant des chapelles qui entourent le chœur comme une sorte de Westminster et de Saint-Denis somptueux où les plus nobles fils de l'Espagne agissante et militante sont couchés l'un auprès de l'autre dans le repos. Il s'agit de tout autre chose.

Il s'agit de l'impression qui se dégage de la ville elle-même, de ses rues étroites aux balcons surplombants, de ses places en coupe-gorge, des débris de ses mosquées et de ses synagogues, de la grandeur ancienne qu'on devine, de la ruine actuelle qu'on voit, de tout un passé qui se cache, mais qui reparaît à chaque détour de rue, sur une dalle que le pied a usée, sous l'ogive d'une arcade que le hasard a conservée ; et cette impression est celle-ci : la vie de l'Espagne n'a été rien qu'une lutte à mort prolongée pendant des siècles, et cela pour une idée ; ce qu'elle a voulu chez elle et hors d'elle, c'est l'unité de religion.

Ses rois, ses ministres, ses hommes d'État, guidés peut-être par la conception musulmane du califat, dont ils furent, sur tant de points, les héritiers, en tout cas préparés et entraînés par la croisade entreprise contre Mahom, n'ont pas eu un instant la pensée que l'unité de l'État pût exister sans l'unité de religion et qu'on pût séparer les deux glaives.

Dussent-ils y laisser la chair de leur chair, ils entreprirent d'arracher du sol de l'Espagne, ils arrachèrent du sol de l'Amérique, ils eussent voulu arracher du reste de l'Europe et du monde toute religion qui n'était pas la leur, celle enseignée par l'Église catholique, apostolique et romaine.

Cela commence par la lutte contre les Maures, et c'est ce qui se voit à Tolède, comme si le drame était encore pantelant. Les hommes au gantelet de fer, les chrétiens, étaient des barbares à les comparer à leurs admirables rivaux de Séville, de Grenade et de Cordoue. Après des siècles pourtant, ils l'emportent! Quelle joie et quelle rage aussi! Il ne faut pas que du passé odieux et jalousé il reste une pierre; ils font venir des architectes du Nord; ils bâtissent les églises sur les mosquées; ils imposent au croissant la croix; ils entassent le luxe, la parure, le dévergondage de la victoire exubérante sur les ruines qu'ils multiplient avec une joie farouche.

Après la lutte contre les Maures, c'est la lutte contre les Mozarabes, qu'on expulse, contre les juifs, qu'on chasse, qu'on pille, qu'on détruit, contre les protestants, qu'on brûle. L'Inquisition poursuit son œuvre, son œuvre de volonté et de politique. Les rois, entraînés par l'élan de tout un peuple, sont convaincus qu'une nation divisée contre elle-même périra. Ils n'hésitent donc pas à mettre le fer sur la plaie. Au besoin, ils arrachent le membre en même temps que l'abcès... Enfin, ils réussissent. Rome triomphe et règne. Mais la ville est dévastée ; de 200.000 habitants qu'elle comptait, il lui en reste 20.000. Qu'importe ?

Dans Tolède la Sainte, mosquées et synagogues sont mortes ou veuves. Debout, l'énorme cathédrale, bâtie avec les débris de la grande mosquée, s'entoure de ses chapelles, de siècle en siècle plus nombreuses, comme une mère féconde de ses enfants. Éparse sur la colline, la ville à demi détruite raconte les péripéties de la lutte. Et dans l'Espagne entière, de même qu'à Tolède, il ne reste ni un païen, ni un juif, ni un hérétique !

L'Espagne a fermé, une fois pour toutes, le livre des guerres de religion. Son unité est faite, absolue, complète. Mais a-t-elle compté les flots de sang qui ont coulé de ses veines pour un tel résultat ?

Maintenant, nous pouvons aller à l'Escurial. Il achèvera la leçon. L'Escurial, dans son ensemble, n'est pas sinistre, comme l'a dit Gautier. Il est vaste, riche, austère, non pas triste. Quoiqu'il soufflât, le jour où je le vis, une rafale effroyable, il était facile de reconnaître dans le pays une certaine grâce riante, surtout si on le compare aux régions affreuses — désert de rocs — qu'il faut parcourir pour y arriver. C'est la demeure magnifique d'un roi qui veut être seul pour réfléchir et travailler ; mais ce n'est pas la retraite d'un cénobite dégoûté du monde.

Par un miracle qui tient à ce « goût parfait » que Balthazar Gracian, dans son traité du « Sublime », reconnaît à Philippe II, l'Escurial, au milieu de toutes les richesses débordantes et parfois un peu enfantines de l'Espagne catholique, est un monument pur et sobre. La chapelle — qui est, en réalité, une belle et fière église — donne l'idée de l'autorité, de la grandeur, de la confiance. Le développement très animé des forces architecturales emporte l'œil sans effort depuis le sol jusqu'à la clef de la coupole qui mesure quatre-vingt-treize mètres de hauteur. L'impression qui se dégage de ces proportions majestueuses est plus forte et surtout plus tranquille que celle qu'on éprouve dans notre Panthéon.

Si vaste que soit ce palais, si haute que soit cette coupole, si étonnantes que soient ces dimensions, le souvenir de Philippe II les emplit aisément. Lui aussi suivait la tradition de ses ancêtres et, en combattant pour Dieu, il combattait pour sa dynastie, pour son pays. Lui aussi poursuivait son rêve de l'Unité. Rien ici ne marque la moindre hésitation, le moindre doute. On sent que c'est bâti à chaux et à sable, pour un avenir qu'on croit indéfini, avec la plus parfaite tranquillité.

Le roi, dans ce grand édifice de gloire militaire et de religion, était si sûr de lui qu'il y avait fait volontairement sa place très étroite. Le faste n'est pas pour la personne royale, comme à Versailles, mais pour l' « Idée ».

C'est dans un coin du chœur, à gauche, que s'ouvre la porte dérobée par où Philippe II sortait de ses appartements et venait entendre la messe. Il s'asseyait simplement sur la stalle du bout, auprès des chanoines et des moines, et il priait. Si on sort de la chapelle par cette porte, on entre dans un petit appartement dont les fenêtres prennent jour sur des jardins taillés, eux aussi, dans la forme du gril de saint Laurent. C'est là qu'il vivait.

Voilà la petite pièce où travaillait ce roi qui, comme dit l'épitaphe, « avait tant d'âme que, quand il mourut, il n'avait plus de corps ». Les murs sont blanchis à la chaux, avec des plinthes en carreaux de faïence, comme si on était encore en pays arabe.

Voilà l'armoire secrète où il mettait ses papiers précieux; voilà la table de travail aux casiers nombreux où s'appliqua, durant un demi-siècle, ce roi qui fut un chef de bureau modèle ; voilà son écritoire, son fauteuil, et la chaise sur laquelle il étendait sa jambe de rhumatisant l'été, et celle sur laquelle il l'étendait l'hiver. Voilà, enfin, l'alcôve où il est mort. Recoin étroit, triste, sombre, sans jour et sans air. C'est là qu'il souffrit longtemps, loin de tout, près de son Dieu. Quand il sentit la mort venir, il fit ouvrir une petite lucarne qui donnait sur la vaste chapelle, et, par là, la lumière tombait jusqu'à lui. De son lit obscur, il voyait le grand autel étincelant de la gloire de Dieu, et, en priant, il mourut.

Il mourut et son corps fut porté là tout près, dans les caveaux du palais. Car, par une vue tranquille de la destinée humaine et dans un esprit parfaitement philosophique, il n'avait pas voulu, pour lui ni pour ses successeurs, séparer la mort de la vie. En haut, il avait bâti leur demeure; en bas, il avait préparé, en même temps, à tous, le lieu du repos.

Il n'y a pas un roi ou une reine s'asseyant sur le trône de l'Espagne qui ne puisse voir la place qui l'attend, avec la plaque vide sur laquelle son nom sera inscrit. Depuis Charles-Quint, qui commence la série, ils sont tous là — ou ils y viendront, — dans des cercueils de marbre garnis d'or, tous pareils les uns aux autres. Je connais peu de choses plus imposantes que cette assemblée de rois couchés dans le silence et attendant leurs fils qui doivent venir. La mort est prise, là, de son côté simple, naturel, inévitable, comme elle est. Rien de tragique, de dramatique ou de dramatisé, ainsi que cela se voit trop souvent en Espagne; mais une profonde impression produite par la répétition du motif, par l'ornementation à la fois riche et sobre, et par la vanité finale des choses à laquelle tout est ramené.

Plus loin, dans ces immenses galeries de marbre qu'on nomme le « Panthéon », ce sont les sépulcres blancs des infants, des infantes, de ceux qui n'ont pas régné et des reines sans enfants. C'est un long et clair dortoir où les chères âmes dorment dans leurs lits de marbre. Là, j'ai cherché notre délicieuse Élisabeth, fille de Henri IV, si touchante et si malheureuse ; là, j'ai cherché l'Anne de Neubourg de *Ruy-Blas;* là, j'ai cherché le jeune Balthazar, le gentil enfant cavalier, dont Velazquez a fait un personnage historique parce qu'il l'a peint. Ils sont tous là. Et voilà don Juan d'Autriche, le vainqueur de Lépante, celui dont l'épitaphe dit si magnifiquement avec l'Écriture : « Il vint un homme qui s'appelait Jean. »

Tous ces morts parlent ; ils disent la gloire de ce peuple, la hauteur de son idéal, les raisons qu'il a de vivre et d'espérer. Ce qui a été sera, parce que les mêmes causes produisent les mêmes effets. Parfois, le ciel se couvre ; mais le grand vent, — le grand vent qui souffle toujours en Espagne, — fait, sur la campagne, la succession constante des ombres et des lumières.

Un roi jeune, à l'œil clair, prend dans ses mains pleines d'avenir les destinées de ce peuple. Il a, dans les veines, le sang de Castille, le sang des Habsbourg, le sang des Bourbons.

Sur le livre du passé la main maternelle lui apprend à lire l'histoire des aïeux; un amour passionné, une pensée forte l'accompagnent, l'aident, le soutiennent et guideront longtemps encore ses premiers pas. Quel spectacle et quelle grandeur dans ce couple où la grâce de la femme et de la mère se prête à la svelte vigueur qui, demain, soutiendra la gloire du nom de Charles-Quint!

Il faut partir. A travers la Manche, — la Manche de don Quichotte et de la Dulcinée, — nous allons lentement vers la mer. Nous passons non loin de Toboso : c'est le pays des auberges inhospitalières et des moulins à vent. Les paysans qui vont par les routes désertes, serrés dans la « manta » que le vent assiège, les jambes ballantes sur les flancs du baudet et la tête couverte du large « sombrero », nous sont connus. Ils rêvent peut-être de quelque île à gouverner.

Voici la mer : Alicante toute remplie de l'activité qui porte ses vins à Bordeaux et à Rouen. Voici la délicieuse Elche, noyée dans sa forêt de palmiers et qui donne, avant l'Afrique, une idée de l'Afrique que nous ne retrouverons pas toujours là-bas. Voici Carthagène, la seconde Carthage, la très vieille ville, la ville des minerais chers à l'Hercule tyrien, et qui, aujourd'hui encore, renferme, dans les flancs de ses montagnes décharnées, la prospérité future de l'Espagne. Je vais voir le pays minier tout empesté des vapeurs du plomb. Un peuple laborieux et tranquille creuse la terre et lui arrache ses richesses qui, sûrement, d'un jour à l'autre, seront décuplées.

En mer. Le bateau de la Compagnie transatlantique a manqué l'escale. Il faut nous contenter du courrier espagnol. La mer nous est rude, la nuit violente ; après cinq heures de lutte, on ne peut plus avancer. Il faut retourner et rentrer au port. Le lendemain, nouveau départ, à minuit. La mer n'est pas meilleure.

Cette fois, cependant, la volonté et l'expérience du capitaine l'emportent. Nous franchissons le mauvais pas, la région où déferlent les vagues du détroit dans le hurlement des flots, le sifflement du vent, sous l'œil blafard de la lune, qui court et roule par le ciel noir et par les nuages blancs. Je reste debout toute la nuit sur la passerelle du capitaine.

Je pense à tous les navigateurs qui, sur des barques si frêles, ont parcouru ces plaines, depuis Ulysse, qui s'était fait attacher au mât pour rester debout. La Méditerranée, obscure et noire, roule tout ce passé dans les lames courtes, violentes et précipitées qui nous prennent de flanc et lavent par bordée le pont du navire.

La lune s'est couchée sanglante, et l'abîme noir s'étend, invisible. Tout à coup, un frisson vague se répand ; le vent qui, maintenant, rugit derrière nous fraîchit encore et tombe sur le bateau comme le fouet sur une toupie. Nous avançons, mais nous embardons comme une coquille désemparée. Le capitaine vient vers moi ; le doigt levé, il me montre l'Orient : « El dia », dit-il. Puis il porte le doigt dans la direction même du navire, et il dit : « Africa » !

Une ligne terne imperceptible s'allonge sur l'horizon. Un dessin d'ombre qui se confond, d'abord, avec les brumes de la nuit paraît bientôt immobile et plus ferme. Penché sur la passerelle, j'admire la grandeur du spectacle, l'approche de cette terre que je devine, et cette aurore nouvelle qui, peu à peu, emplit le firmament; et, bientôt, je vois le jour et l'Afrique se lever ensemble dans la lumière rose du matin.

LA
FRANCE AFRICAINE

LA FRANCE AFRICAINE

I

Tlemcen.

L'Afrique vient au-devant de l'Europe en Espagne. Je l'avais trouvée à Elche, où une véritable oasis de palmiers évoque l'idée des paysages du sud. Mais, par contre, l'Europe vous accompagne en Afrique, et l'arrivée à Oran, dans une grande ville active et grave, toute penchée sur son labeur quotidien et se préparant à l'avenir que lui réserve le voisinage du Maroc, l'arrivée à Oran donne l'impression d'une rentrée. On est chez soi. La vie est douce, confortable, moins molle et fine qu'à Alger, mais plus robuste et plus vigoureuse.

Pour pénétrer vraiment en Afrique, il faut prendre les voies ferrées qui, d'Oran, rayonnent vers l'intérieur et aller, soit sur la frontière du Maroc, soit sur les hauts plateaux. Mais le mieux est de filer droit sur Tlemcen.

C'est à Tlemcen qu'on a, pour la première fois, le sentiment exact du passé magnifique sur lequel repose notre domination dans le nord de l'Afrique. Il y a, là, des substructions historiques qui remontent, à travers les âges, jusqu'aux premiers siècles de l'humanité et qui prouvent, tout au moins, que ces régions, qui ont eu des époques de splendeur, peuvent les retrouver par le simple effort d'une volonté consciente et persévérante. On éprouve une joie profonde et virile à dénombrer les grandes ruines qui jalonnent, pour ainsi dire, dans le passé, le vaste programme des œuvres futures.

Tlemcen a été un des centres importants de l'Afrique. Les Phéniciens la colonisèrent et y remplacèrent, racontèrent-ils, des tribus qui vivaient dans la terre. Du temps des Romains, elle s'appelait « Pomaria », les « Vergers ». L'Église d'Afrique y fleurit. Les Arabes survenant, ils y implantèrent une civilisation nouvelle qui rayonna sur toutes les contrées environnantes. De grands empires furent constitués là qui connurent des heures de prospérité, les satisfactions de la conquête, l'abondance du commerce, les agitations des partis, le progrès des sciences, des lettres et des arts. Tlemcen est placée au point de croisement des routes qui réunissent l'Algérie au Maroc, d'une part, et au Soudan, d'autre part. Et l'on dit que c'est pour cela qu'elle porte son nom : « Telimcin, entre les deux ». En tout cas, là était le véritable nœud de cet Empire musulman hispano-africain dont la gloire vous obsède dès qu'on a mis les pieds en Espagne.

C'est par Tlemcen que Grenade, Séville, Cordoue et même Tolède, jetées à bout de bras sur l'Europe, se rattachaient au corps robuste de l'Islam. A l'est et à l'ouest, Tlemcen donnait la main à ses deux sœurs religieuses, la tunisienne Kaïrouan et la marocaine Fez; vers le sud, elle reliait au monde méditerranéen les populations du Sénégal et du Soudan. C'est vers les minarets de ses mosquées saintes que se dirigeaient, à travers le Sahara, les caravanes qui apportaient la poudre d'or, les épices, l'ivoire, les plumes d'autruche, les peaux fines et les essences parfumées; et les noirs caravaniers remportaient au loin, vers Tombouctou, vers Dienné, vers Kano et vers Gando, l'argent monnayé, les produits méditerranéens et, par-dessus tout, la grâce qui avait été accordée à ces fils de Cham de s'agenouiller au mihrab des mosquées de Sem et de respirer l'arome des vertus de l'Aîné.

Ainsi, à certaines époques, toute l'Afrique du nord, depuis les peuples qui habitent les rives du Niger et les bords du lac Tchad jusqu'à ceux qui occupent les rivages de la mer, rattachés les uns aux autres par le chapelet des oasis sahariennes, avait été animée d'une pensée unique, avait vécu d'une vie commune, et c'était Tlemcen qui répandait alors, sur tout ce monde mystérieux, le halètement rythmé de ses puissantes pulsations.

C'est à Tlemcen que j'ai passé le 1er janvier de l'année 1900, sans que j'aie pu savoir d'ailleurs, parmi les avis divers des gens disposant de ces choses-là, si j'étais encore dans le dix-neuvième ou déjà dans le vingtième siècle. Nous avons discuté gravement la question, en bons Parisiens, dans la nuit de la Saint-Sylvestre, autour d'une table amicale où fumait le samovar et où respirait un bon air de France. Le lendemain, malgré un sirocco qui arrachait les toits, déracinait les arbres, et qui me rappelait vraiment trop les rafales de l'Escurial, j'étais jeté en Tlemcen, c'est-à-dire en pleine Afrique.

Pas une minute d'hésitation ni de désillusion : la réalité était à la hauteur du rêve et, du premier contact, elle m'empoignait. Le trop court séjour que j'ai fait à Tlemcen a été une course haletante de colline en colline, de mosquée en mosquée, de quartier en quartier, ou, pour mieux dire, de ville en ville; car Tlemcen, au cours de sa tragique histoire, s'est déplacée plusieurs fois, cherchant un endroit où s'arrêter et se reposer définitivement, et ne le trouvant jamais. Elle s'est promenée, pendant des siècles, de Sebdou en Agadyr, d'Agadyr en Tagrath, de Tagrath en Mansourah, de Mansourah en Tlemcen, et, comme les capitales, elle est la ville aux sept collines.

Aujourd'hui, à demi-couchée sur les pentes des coteaux, au pied de la magnifique plate-forme à pic qui la domine, vêtue de la forêt des oliviers, des cerisiers, des amandiers, des orangers, des platanes et des chênes, Tlemcen étend devant elle, dans la plaine rousse et verte, le tapis naissant des céréales, l'alignement des vignes et l'ombre fine des vergers. Elle répand sur les molles collines, d'abord, les cubes de ses marabouts semés dans la campagne, puis les toits rouges des fermes et des villas, puis les gradins étagés de ses maisons blanches, et enfin, tout en haut, les minarets et les dômes de ses trente mosquées.

Ce n'est pas la mort, c'est plutôt le sommeil d'une grande et belle ville; on sent poindre en elle et hors d'elle, comme le frémissement d'une prospérité latente. Sur les pentes, bruit partout le gazouillis des eaux, si précieuses en terre d'Afrique. Et c'est ce chant universel qui dit la fécondité, la joie et l'espérance. Les poètes arabes, qui ont tant aimé Tlemcen, ont célébré ses eaux et cette fameuse fontaine de Lourit, qui est comme une Vaucluse africaine.

« Si tu as oublié de visiter Lourit, pour moi je ne l'oublierai pas ; j'irai jouir de ce site admirable, où je respirerai l'odeur suave des prairies en fleurs ; je me promènerai sur les bords délicieux de l'étang qu'alimente la source ; et la surface tranquille et transparente viendra se mirer dans la prunelle de mon œil. Lorsque la nuit commence à étendre ses voiles sur la terre, on ne sait si ce sont tes ondes ou mes larmes qui remplissent ton bassin... C'est qu'en effet, je suis ivre de ton amour, ivre à en perdre la raison. La vue de la cascade est l'œillade de ma maîtresse qui me réveille le cœur. Que mon poulain vienne à passer par ces collines ; jeune comme il est, il se jettera puissamment à la nage dans tes eaux profondes. »

On longe les fontaines, en montant vers la mosquée de Sidi-bou-Médine : c'est le sanctuaire sacré de l'Algérie. Chemin faisant, on reconnaît partout, dans les champs, le long des chemins, sur les murs démantelés, au revers des coteaux, les traces toujours présentes de l'une des cités disparues. Le minaret lui-même est construit avec de magnifiques blocs romains qui portent des inscriptions gravées, et c'est sur ces blocs qu'on a lu le nom de la vieille ville « Pomaria » : civilisation sur civilisation, art sur art, ruine sur ruine.

Un groupe de fillettes s'écarte sur notre passage, à demi effarouchées ; elles ont les yeux dessinés au kohl, les cheveux teints au henné ; elles portent des vêtements éclatants de couleurs vives et variées et piquent une note d'aquarelle fine et délicate parmi les champs sévères où les murs écroulés racontent la grandeur des âges disparus.

Au haut de la colline, c'est le tombeau où le saint repose. Par la petite cour carrée aux belles colonnes d'onyx on pénètre dans l'étroit sanctuaire : il est là depuis le xie siècle et, toujours vénéré, il offre un curieux mélange d'antiquité respectable et de superstition puérile: des étendards, des tapis, des vitraux, des cierges allumés et fumeux donnent une impression de mystère que rompt soudain la présence intempestive des lustres de cristal, des lampes à pétrole, des petits miroirs et des chandeliers du Bon Marché. Cependant l'effet, quoique plus naïf, demeure, et il s'affirme quand on se retourne et qu'on a, tout près, les portes de bronze et le « patio » entr'ouvert de la grande mosquée. Au-dessus, le minaret s'élance et perce les nues.

Le muezzin chante l'heure de la prière. Dans la cour aux dalles sonores, les enfants de la medersah jouent gravement; des musulmans pieux procèdent à leurs ablutions; à l'intérieur, tout est respect, calme, silence; les fidèles glissent comme des ombres parmi les colonnes et les piliers massifs, sur les tapis d'alfa, et ils s'avancent vers le « mihrab », qui reçoit d'en haut la lumière mystérieuse, tamisée par le délicat travail des plâtres ouvragés.

Il y a six cents ans que la mosquée est là, et qu'elle attire vers elle de tous les points de l'Islam africain les croyants, ceux qui voudraient, en un élan mystique, confondre et perdre leur âme dans celle du grand saint qui est enterré là. Les révolutions ont passé sur le vieux culte ; on voit d'ici, dans la plaine, la fumée des locomotives ; on entend, non loin, le chant des clairons : mais la mosquée, le soir, se couronne toujours des feux qui, de loin, élèvent les âmes vers la prière, avec la voix du muezzin, au temps du Ramadan.

Le lendemain, nous visitons une autre ville hors la ville : Mansourah, la « Victorieuse ».

Tlemcen, enviée de tous, proie désignée à toutes les conquêtes, fut si souvent et si longtemps assiégée, que ses adversaires prirent le parti de construire à ses portes une ville pour prendre la ville. Et cette nouvelle cité était aussi vaste et aussi magnifique que l'autre. Seulement, plus tard, ce fut son tour d'être prise, et, maintenant, elle n'est plus qu'une immense ruine. Les débris colossaux de ses murs, de ses portes, de ses tours, de ses mosquées, de ses minarets, font, sur une superficie de cent hectares, des alignements extraordinaires, qui m'ont rappelé ceux de notre Carnac. Quelle évocation étrange que celle de cette ville complète, avec ses amenées d'eau, ses places, ses monuments publics, ses moulins, créée pour une vie provisoire, et détruite, pour ainsi dire,

5.

sans avoir servi! Debout, reste encore le hautain minaret, qui, par un défaut de la construction, s'est déchiré et rompu, du haut en bas, comme s'il avait été tranché en deux par un coup de sabre. Tout éventré, il domine la campagne et commande les ruines au loin.

D'ailleurs, le pays est plein de mystère. Voici, à Sebdou, les trous qu'habitent, depuis des milliers d'années, les « troglodytes », descendants, assure-t-on, de ceux que les Phéniciens rencontrèrent, quand ils vinrent commercer dans le pays. Ceux-là n'ont pas bougé. Les civilisations, les âges superposés ont passé près d'eux sans les effleurer; les plus vieilles des mosquées, les plus anciennes des ruines paraissent récentes à côté des grottes où nichent ces barbares; ils ont, sur cette terre, un droit d'aînesse que peut-être, au fond, ils ne désespèrent pas de revendiquer un jour.

Rentrons en ville. Voici maintenant les mosquées intérieures: la grande, d'abord, si noble et si grave; puis celle de la Medersah, si pure et si fine, avec ses ogives lancéolées d'un art parfait; puis, un peu en contre-bas, celle de Sidi-el-Halouy, presque aussi vénérable que celle de Sidi-bou-Médine, et qui honore la mémoire d'un si singulier original.

Voici la ville elle-même : les rues arabes, la foule grouillante, les burnous, les mêmes fillettes jolies, aux ongles rouges, drapées d'étoffes voyantes et portant le petit frère sur le dos, l'ânier et son bourricot, les chameaux par troupes, dodelinant de la tête, le nez dans le vent. Le long des maisons, des hommes graves assis, silencieux ; des nègres aux visages tatoués de bleu, des femmes pareilles à des sacs blancs, passant comme des fantômes et braquant sur vous un seul œil noir.

Barrant les rues, viennent les chasseurs d'Afrique aux vêtements clairs et aux bottes lourdes, par bandes, sans bruit ; dans les souks, les marchands, assis au fond de leur boutique, attendent le client ; et, dans les cafés, les tirailleurs algériens, rangés auprès des tables, sans boire et sans manger, attendent le coup de canon du Ramadan.

Les couleurs hardies des étoffes, l'éclat des fruits et des légumes, la bosse des sacs de céréales et des paquets d'alfa, le ventre banal des couffins, le tas des olives mordorées et juteuses, la laine des moutons, tout cela s'empile, se mêle, se confond dans une harmonie tranquille que domine le relent rance de la vie arabe. Et, sur le tout, pèse un grand silence.

Il me reste une dernière visite à faire: c'est celle de la caserne, du « méchouar ». Ici encore, c'est un noble souvenir de guerre. En 1845, le général Cavaignac, enfermé et bloqué dans ces murs de pisé, a résisté six mois à l'effort désespéré d'Abd-el-Kader. Ce fait d'armes est assurément l'un des plus beaux de la conquête française. Rien n'est changé depuis lors, et on dirait que cette enceinte sévère est encore toute frémissante des choses qu'elle a vues et de l'héroïsme qui l'a préservée.

Tlemcen était, pour l'émir, la ville chère, la capitale sans prix ou, pour mieux dire, la citadelle sacrée de son établissement fugitif. Il eût tout fait pour la reprendre. Il ne s'est pas consolé de l'avoir perdue. Lui aussi a parlé de Tlemcen en poète, en amant exclusif et jaloux. Voici ses vers, que cite l'abbé Bargès : « En me voyant, dit-il, Tlemcen m'a donné sa main à baiser. Je l'aime comme l'enfant aime le cœur de sa mère. J'enlevai le voile qui couvrait son long visage et je palpitai de bonheur : ses joues étaient rouges comme un charbon ardent. Tlemcen a eu des maîtres; mais elle ne leur a montré que de l'indifférence; elle baissait ses beaux et longs cils en détournant la tête. A moi seul elle a souri et m'a fait le plus heureux des sultans! Je l'ai tenue par le grain de beauté qu'elle avait sur la joue, et elle m'a dit : « Donne-moi un baiser et ferme-moi la bouche avec la tienne. »

A présent, sous d'autres vainqueurs, Tlemcen reprend quelque chose de sa splendeur passée. En 1845, elle n'avait plus que 8.000 habitants. Elle en compte plus de 25.000. Sa campagne se repeuple, ses coteaux se reboisent, la vigne s'étale dans ses vallées et sur ses collines. Son admirable situation entre l'Algérie, le Soudan et le Maroc semble devoir, tôt ou tard, lui rendre le grand rôle qu'elle a joué.

Car elle voit, peu à peu, se reconstituer par d'autres mains, autour d'elle, le vaste empire africain dont elle fut la capitale, et revivre le passé qui a ouvert jadis, par les plaines et par les déserts, les routes et les voies qu'il nous appartient de suivre aujourd'hui.

II

Algérie.

La voici, de nouveau, cette captivante et séduisante Algérie. La voici dans la richesse de l'avril, sous la parure fraîche du printemps, toute chatoyante des alternatives brusques que font, en ce moment, les nuages et le soleil se disputant le ciel, tour à tour inquiétant ou divin.

J'ai fait le pèlerinage de la conquête. Je suis allé toucher la terre de Sidi-Ferruch, au point même où, dans l'incertitude d'une entreprise qui, dès ses débuts, paraissait légendaire, le général de Bourmont lança ses premiers tirailleurs, tandis que des figures de cavaliers arabes se montraient derrière les collines.

Car l'armée française n'eut pas pour premier spectacle la vue de la ville blanche et de la magnifique « carrière de marbre » qui, de la mer, signale, de si loin, la beauté de l'Algérie. Elle ne vit, d'abord, à Sidi-Ferruch, qu'une plaine basse, une terre jaune, des rocs affreux, les ruines d'une vieille tour espagnole qui commandait la modeste baie, et le délabrement séculaire du pays inconnu où elle abordait.

Nous avons suivi sa trace; nous avons, après elle, contourné Alger vers l'intérieur, nous avons touché à la vallée de la Bouzaréah où elle faillit se perdre, nous avons traversé El-Biar enfoui dans la verdure, nous avons vu — désignée par une plaque commémorative — la maison où le commandant en chef du corps expéditionnaire, Bourmont, campa le 29 juin, tandis que le dey négociait la capitulation. Débouchant sur le cercle des hauteurs qui l'environnent de partout, nous avons aperçu soudain de là-haut, comme l'avaient aperçue d'abord nos soldats, il y a soixante-douze ans, la ville délicieuse glissant, en quelque sorte, le long de la colline et se couchant parmi les fleurs, avec la mer frémissante à ses pieds.

Ceux qui ont fait ces choses ont vécu une des heures décisives de notre histoire. On dit que le général de Bourmont le comprit. Cet homme, dont la mystérieuse carrière connut les faces diverses de la fortune, eut le plein sentiment de la grandeur de l'acte qui s'accomplissait. Habitué à la méditation par la gravité des problèmes que sa propre vie avait dû résoudre, remué par un tel spectacle, fier de son succès, le général vit, dans une minute de repliement intérieur, les destinées futures que cette heure préparait pour la France, et, d'un mot simple, il les découvrit à son entourage.

Soixante-douze ans; et la nouvelle France est faite. Alger est la façade éclatante d'un riche et prospère domaine. Si loin que vous alliez, à l'Est, à l'Ouest, indéfiniment, en arrière, en arrière et plus en arrière encore, c'est un immense champ de verdure, jardins, vignes ou céréales; voici la vallée de la Mitidja à laquelle il n'est rien de comparable; voici la vallée du Chélif où les centaines de mille d'hectares semés en orges, en blés durs, en avoines, étalent leur monotone richesse; puis, c'est l'Oranais tout entier; ce sont les hauts plateaux, abordés, dès maintenant, par le colon, et jetant, en quelque sorte, au premier choc de la charrue, la gourme de leur fécondité. Et il en est ainsi partout où le chemin de fer a pénétré, partout où la route poudreuse et blanche amène la longue attelée des mules et les innombrables chariots des rouliers.

J'ai voulu voir le colon chez lui. J'ai été reçu dans la ferme puissante menée largement, sans compter, avec les capitaux considérables que cette terre ne craint pas d'absorber quand on les lui confie, parce qu'elle est sûre de les rémunérer. J'ai vu le modeste abri que le dernier arrivé élève à peine au-dessus de la terre, tandis qu'il arrache au palmier nain et au lentisque les quelques hectares où il met tout son apport, tout son travail, toute son espérance.

Et partout j'ai vu la même chose : l'homme ou le capital manquant à la terre, mais la terre ne manquant jamais à l'homme. Le danger, ici, n'est pas dans la pénurie, mais dans une abondance incertaine et capricieuse. Souvent, il ne s'agit pas de savoir comment on obtiendra une récolte, mais comment on s'en débarrassera. Cette terre est avide ; elle demande toujours, toujours ; et quand elle rend, elle rend trop, trop, trop. Le nom de ce pays, c'est *Excès*. A l'heure présente, le vigneron algérien en est, positivement, à implorer du ciel une année médiocre.

Ah ! ces murs d'avoine et d'orge qu'il fallait ouvrir de la poitrine, l'autre jour, quand nous parcourions, dans une brûlante journée de chasse, le vaste domaine traité à l'européenne ! Tandis que le chasseur arabe faisait chanter l'appeau et que la caille parfois apparaissait et décrivait sa courte trajectoire au-dessus de la mer de verdure, ce n'est pas la pauvre bestiole qui captait l'attention, mais c'était la plaine elle-même et la marée montante de richesse que l'on sentait, à l'infini, grandir tout autour.

Quelques jours après, nous étions au pied de Tessala, près de Sidi-bel-Abbès, dans cette cuvette magnifique qui, hier, était un désert, qui, aujourd'hui, est un grenier d'abondance. Au loin, la montagne sourcilleuse qui voit la mer. A nos pieds, la riche campagne dont on dit : « En Algérie, quand il y a une goutte d'eau, c'est pour Tessala. »

Nous nous sommes arrêtés au bord de l'Oued ; le cocher nous explique, dans son langage imagé, la récente apparition de cette richesse inattendue, il dénombre les fortunes soudaines ; il montre de la main les fermes éparses dans la plaine avec leurs toits de tuiles ; il nomme les colons qui, en voiture légère, passent continuellement sur la route animée : « C'est un tel ; c'est un tel ; ah ! celui-là est riche, celui-là a fait fortune ; il n'y a pas dix ans qu'il était valet de charrue; maintenant, c'est un monsieur; il a du foin dans ses bottes. Voyez, là-bas, cette tache rouge et verte, c'est sa vigne; elle a cent hectares. » Et il ajoute, dans un français demi-espagnol, un mot admirable et expressif, s'il en fut : « C'est une richesse *terrible!* »

Cependant, en rentrant dans la ville, par les faubourgs malpropres et poudreux, nous voyons une bande de maugrabins, noirs ou tannés, vêtus de blanc ou de couleurs voyantes, qui courent éperdument, se bousculent, se heurtent, avec des cris rauques, tous le bâton à la main et tous frappant violemment la terre. « Que font-ils? — Ils prient, dit notre cocher... Ils prient pour avoir de l'eau. »

En approchant, nous les voyons tous, vieillards et enfants, armés de la matraque recourbée en forme de crosse, frappant une boule de bois qui roule sur un vaste espace dénudé. Tant qu'elle court sans s'arrêter sous les coups qui la poursuivent, on a quelque espoir d'avoir de l'eau... Qui sait, c'est peut-être là l'origine du *Golf*.

Le vieux cocher, mis en verve, en raconte bien d'autres : il dit, qu'à certaines époques de l'année, si la pluie ne tombe pas, les

nègres — mais les nègres seulement — se réunissent en troupe, parent un jeune taureau, le couvrent de banderoles et d'amulettes, et puis le conduisent en un endroit consacré. Alors, ils lui coupent la gorge, et, tandis que le sang coule, ils le frappent, le poursuivent, le font galoper, jusqu'au moment où l'animal meurt épuisé. S'il a couru longtemps, on a quelque chance d'avoir de la pluie...
Ce sacrifice, ce « taurobole » n'est-il pas quelque vestige du culte du dieu Apis, et — comme tout se tient sur la terre — ne serait-ce pas là, d'autre part, l'origine sacrée du jeu farouche, cher à nos voisins espagnols, la course de taureaux?

Ainsi, dans cette Afrique où toutes les époques se rapprochent et se confondent, voici le passé et voici l'avenir : ici, le fétiche ou le taureau battus pour que le ciel se couvre de nuages; là, la culture européenne et l'alignement infini de la vigne plantée à deux mètres et labourée à la charrue à vapeur. L'agent de ce progrès, c'est le colon français, aidé par ses deux auxiliaires indispensables, d'une part le Méditerranéen : Espagnol, Italien, Maltais, et, d'autre part, l'indigène : Arabe, Kabyle ou Marocain.

Un peuple naît, et, de la vieille misère, il fait une prospérité neuve. Et c'est pourquoi la première question, celle qui frappe d'abord et à laquelle toutes les autres se ramènent, c'est celle du peuplement, celle qu'un des plus passionnants parmi les écrivains algériens résumait d'un mot : le *sang des races*.

Tenez ! Nous sommes, ici, en pleine période électorale. Tout en poursuivant, dans le pays, une enquête bien déprise des luttes de l'heure présente, nous en recueillons cependant, parfois, les échos... Soudain, au tournant d'un carrefour, des éclats de voix retentissent, des applaudissements partent, une rumeur de foule anime le silence habituel et le recueillement de la solitude ; et, en passant, on aperçoit, au-dessus des têtes, sous les tonnelles d'un café, une silhouette d'homme qui parle : c'est un candidat devant une réunion publique improvisée.

Ou bien encore, sur une des places d'Alger, voici des groupes qui se forment rapidement ; les gendarmes à cheval sont en réserve dans une rue voisine ; et c'est encore des cris, un remous de foule ; au-dessus des autres têtes, quelques têtes apparaissent ; des paroles enflammées, des gestes ardents ; la police intervient, disperse les « manifestants »; les gendarmes s'ébranlent et s'alignent sur la place ; alors la foule prend peur et s'échappe ; mais les groupes se reforment quelques pas plus loin, tandis que, de la voiture, roulent sur elle les mêmes gestes vibrants et les mêmes cris inentendus... C'est un autre candidat.

D'où vient cette agitation? Pourquoi ces démonstrations, ces faces congestionnées, ces gestes passionnés, alors que ces populations sont, le plus souvent, douces, rieuses et tranquilles? — Au fond, c'est toujours la même question : le *sang des races*.

Le Français se sent maître du sol. Il l'est par droit de naissance maintenant, tout autant que par droit de conquête. Car une race particulière s'est formée ici : le Français d'Algérie. Je ne saurais dire combien nous rencontrons de personnes nées sur la terre d'Afrique. Rien qu'à l'aspect, on les distingue. Les hommes ont la figure ronde, la mâchoire forte, la moustache drue, les épaules larges, l'œil vif, le geste prompt, un tantinet d'allure militaire avec un sans-façon où il y a aussi du « populo ». Cette nature de Français a développé notablement l'instrument de civilisation méditerranéenne par excellence : l'intelligence. Je m'imagine qu'un Grec du bon temps, un Grec de Phocée, par exemple, de ceux qui fondèrent Marseille, avait cette ouverture d'esprit, cette application à saisir et cette aptitude à comprendre qui caractérise l'Algérien.

Mais, surtout, cette race se détermine par une qualité maîtresse : l'activité. Elle est toujours en branle, toujours en mouvement, allant volontiers vers les extrêmes; versant du côté où elle penche, mais se sauvant toujours par sa promptitude, par son agilité, par sa mobilité même. Il suffit de comparer la conception de la vie que se fait un petit bourgeois d'une de nos villes de province avec celle du Français d'Algérie, pour saisir l'évolution profonde qui s'est accomplie. La prudence, la réserve, l'ignorance timide et inquiète se sont transformées en hardiesse, goût du risque, intempérance parfois, et souvent témérité.

Un témoignage convaincant de la prodigieuse activité de cette famille nouvelle de Français, c'est le parti qu'elle a tiré du sol de l'Algérie. Ils étaient à peine 200.000, et ils ont exploité et mis en valeur un territoire qui équivaut bien à la moitié du territoire français, habité par 40 millions d'habitants.

Cette considération n'est-elle pas d'une force extraordinaire ? Ces deux cent mille se sont « empoignés » — si j'ose dire — avec cette terre, avec ces vallées, ces coteaux, ces plaines. Ils ont marché droit devant eux dans une contrée qui n'était qu'un désert. Ils ont cassé le rocher, ramassé les cailloux, desséché les marais, défriché la brousse, ameubli la terre ; nombre d'entre eux ont laissé leur peau dans la plaine grasse de leur cadavre; nombre d'entre eux ont englouti leur pécule et leur travail dans une entreprise trop hardie et qui n'a pas payé. L'histoire de la colonisation de l'Algérie, c'est, trop souvent, l'histoire des ruines individuelles. Et, malgré tout, l'œuvre est là, magnifique. Les survivants, les nouveaux venus règnent sur un immense domaine en plein rapport. Ils sont trois cent mille peut-être, maintenant ; ils ont fait la besogne de trois millions.

Ils n'ont pas été seuls à la faire, et c'est ce qui explique la violence de certaines passions particulièrement suscitées à l'heure présente.

Quoi qu'on en ait dit, le colon français a trouvé un premier collaborateur dans l'indigène. On signale ses défauts, sa paresse, sa mobilité, son manque de prévoyance, les habitudes de maraude de certaines tribus ou de certaines familles ; on dit que, depuis cinquante ans, il n'a pas progressé. On fait tout pour creuser le fossé entre lui et le colon. Mais il n'en reste pas moins que, malgré tout, auprès de chaque ferme, il y a des tentes ou des gourbis installés à demeure, et que ces hommes, hier nomades, se sont fixés auprès du conquérant qui, pourtant, les a dépossédés. La collaboration s'impose aux deux. Ils ont beau se regarder avec méfiance, ils sont rivés à la même chaîne ; ils sont serfs du même sol. C'est par eux — l'un étant la tête et l'autre le bras — qu'il s'améliore. Entre eux, il existe désormais un double lien qui leur rend, à l'un et à l'autre, la vie tolérable : c'est le travail commun et le salaire.

Mais l'indigène n'a pas suffi. Il a fallu d'autres bras plus vigoureux encore, et l'on a vu, de l'autre bord de la Méditerranée, venir ici, par milliers, les étrangers : Espagnols dans la province d'Oran, Maltais et Mahonnais dans la province d'Alger, Italiens dans la province de Constantine et en Tunisie. Ce sont des hommes vigoureux et contents de peu. Ils ont mis la main à la pâte, donné le coup de pioche et le coup de collier, fait les terrassements et les roulages. Les plus habiles se sont débrouillés, et de simples valets de ferme sont devenus propriétaires et maîtres à leur tour. Les femmes ont fait la conquête à leur façon. En somme, ils se sont installés partout, en nombre presque égal à celui des Français. En 1889, une loi a fait d'eux des citoyens. On leur a accordé non seulement le *jus italicum*, mais le *jus romanum*. Dans certains centres, ils sont les maîtres du vote ou font pencher la balance électorale.

Entre ces éléments divers, tous actifs, tous rivaux, ayant tous des droits et tous des prétentions, la lutte est engagée, et ce n'est pas un des moindres attraits de la vie algérienne que la force des convictions et l'acuité des passions sur un fond de sagesse, d'union et de collaboration indispensables.

Je n'ai pas l'intention de trancher ici d'un mot ces graves problèmes. Mais il est facile toutefois d'indiquer, dès aujourd'hui, que le principal remède c'est l'afflux régulier de nouveaux colons français en Algérie. Par un phénomène singulier, le colon français habitant ce sol appelle lui-même la concurrence.

Il insiste pour que l'on fasse venir des Français de France. Aucune mesure n'a été mieux accueillie que celle par laquelle M. Paul Revoil, si merveilleusement adapté à l'emploi qui lui est confié, vient de créer une direction de la colonisation et de la confier à un homme jeune, ardent, et dont les idées sont tournées vers l'avenir.

Donc, des colons, des colons. Ils sont trois cent mille. Il faudrait qu'ils fussent un million. Ce n'est pas la besogne ni la place qui manquent. L'Algérie, relativement à ce qu'elle sera dans l'avenir, n'est qu'une magnifique ébauche. Les premières expériences sont faites. La jeunesse française, plus hardie et mieux préparée que ses aînés, n'a qu'à venir maintenant apporter le secours de son intelligence et de ses bras.

Quant à l'autre solution, elle est dans une sage et habile combinaison de tous les intérêts; non dans la haine, mais dans l'union; non dans la violence des partis, mais dans la sagesse de tous. Elle est surtout dans la direction qui doit venir de la métropole. C'est à la France qu'il appartient de donner l'exemple et de faire régner « la paix latine » dans sa belle colonie méditerranéenne.

III

Carthage.

On raconte que le dernier gouverneur de l'Afrique byzantine, le patrice Grégoire, à la fin de la lutte suprême contre l'invasion arabe, ayant concentré ses forces près d'une des grandes villes de l'intérieur dont il avait fait sa capitale, Sbeithla, fut refoulé jusque sous ses murs, livra bataille, fut vaincu et tué dans le combat. Les Arabes, commandés par Abdallah-ibn-Saïd, pénétrèrent dans la ville. Elle était très belle ; la population était nombreuse ; des richesses immenses y étaient accumulées.

Les vainqueurs pillèrent et massacrèrent tout. Mais comme ils n'aimaient pas le séjour des cités, ils n'y demeurèrent pas et ils plantèrent leurs tentes dans les plaines environnantes. La ville resta donc vide et inhabitée et, depuis elle est ainsi, avec ses temples, ses arcs de triomphe, son enceinte, ses portes, ses églises, son amphithéâtre, — tombant lentement en ruines, mais immobile et debout, comme si le patrice Grégoire, sorti pour la défendre, il y a douze cents ans, allait y rentrer dans un instant.

Il en est de même de la Tunisie tout entière : on dirait que les Romains sont encore tout près, qu'ils viennent de partir et que tout ce qui s'est passé, depuis la chute de leur domination jusqu'à la conquête française, est un songe que le réveil récent va dissiper.

Quand on inaugura, à Tunis, la statue de Jules Ferry, le résident général, René Millet, traduisit en ces termes un sentiment qu'on ne peut manquer d'éprouver là-bas : « Songez, Messieurs, dit-il, que c'est la première statue qu'on dresse ici depuis la chute de l'Empire romain, c'est-à-dire depuis plus de quatorze siècles. »

En effet, pendant quatorze siècles ou du moins pendant douze siècles, la civilisation « sans images » a remplacé, sur cette terre, la civilisation qui élevait des statues à ses dieux et à ses héros. Mais celle-ci, installée depuis dix siècles, avait succédé elle-même à une période historique non moindre, pendant laquelle une autre civilisation sans anthropomorphisme avait dominé : Carthage, pendant mille ans, avait bâti des temples où il n'y avait pas de statues et que remplissait seulement, exprimée par des symboles, la majesté et la terreur du nom divin :

> ... Nulla effigies, simulacrave nota deorum
> Majestate locum implevere timore.

De telle sorte que, si on résume en larges traits l'histoire de cette pointe de terre vraiment unique, on y voit se suivre, dans un large rythme alternatif et s'y ruer l'une sur l'autre, en des combats qui ont au moins dix siècles d'envergure, les deux civilisations qui ont créé et constitué le monde méditerranéen, la sémitique et l'aryenne : Tyr d'abord, puis Rome, les Arabes ensuite, puis la France.

De cette simple énumération se dégage la portée de notre installation récente. Elle puise ses origines dans les plus profondes traditions de l'histoire, et elle relève les souvenirs que marquent les noms de Didon, d'Annibal, de Scipion, de Justinien, d'Omar, de saint Louis, de Charles-Quint et de Louis XIV. C'est ici, vraiment, le lieu du grand duel, la terre historique par excellence. Ici, en Afrique, l'Asie et l'Europe se sont rencontrées.

Le site de Carthage, nu et désert, raconte tout cela. Du haut du cap Carthage, quand on a franchi le délicieux village de Sidi-bou-Saïd, posé sur la corniche comme un essaim de colombes blanches, au bout de la terre hérissée de cactus et de figuiers de Barbarie, où fleurit le géranium et dont le sol effrité déboule à pic sur les eaux, on voit, à gauche, la mer dont les larges vagues viennent s'engouffrer dans le réservoir intérieur que forme le golfe de Tunis. En face, le cap Bon, rocheux et noir, est l'avancée extrême de l'Afrique vers la Sicile et vers l'Europe.

En contournant le cap Carthage, l'œil suit, avec une sorte de volupté, la douce et magnifique avenue du golfe, portant les voiles jusqu'à l'intérieur des terres. Au midi, le rivage étale d'abord les maisons blanches de Hammam-Lif et de Radès, puis, derrière, le sommet de la Montagne aux deux Cornes où plane le mystère du culte du Baal-Boukornine, et derrière encore, plus haut, le plateau abrupt du Djebel-Ressas.

Mais, sur la rive septentrionale, au pied de Sidi-bou-Saïd, en regardant vers Tunis, on voit se dessiner de profil, comme sur une carte, les « lieux où fut Carthage ». La côte décrit mollement trois baies admirablement abritées par le cap, comme si la nature s'offrait d'elle-même à l'habitation de l'homme.

Trois pointes, tracées sur la mer, comme d'un crayon noir fortement appuyé, séparent l'une de l'autre chacune des trois baies : c'est le Bordj-el-Djedid (le Fort-Neuf), la pointe du Lazaret, et le « tænia » de la Goulette, qui, en s'allongeant et serpentant sur les eaux, achève la clôture du lac qui sert de port à Tunis.

De ces trois baies monte, vers une hauteur voisine de la mer, une plaine nue, à peine vêtue du duvet frileux des blés verts. Tout en haut de la pente, un vaste édifice blanc et rouge, la cathédrale, que fit bâtir le cardinal Lavigerie, surgit et désigne la noblesse de la haute colline. Cette colline, c'est l'acropole, c'est Byrsa. A ses pieds, en avant et en arrière, la plaine qui l'unit à la mer, tout autour du cap Carthage, présente un aspect singulier. Couverte de fragments de pierres et de poteries concassés et réduits en miettes, elle apparaît toute mamelonnée, ondulée et bossuée ; ses plis lourds semblent cacher quelque chose ; on dirait un linceul jeté sur un mort. Et il y a mort, en effet : Carthage.

Opprimé par la grandeur des souvenirs, j'ai fait les pèlerinages accoutumés, et j'y suis revenu plusieurs fois.

Cette pointe de Sidi-bou-Saïd m'attirait.

Je cherchais au loin, sur la mer, les côtes de la Sicile qui furent le champ clos où les deux champions, d'abord, se rencontrèrent : la mer bleue et fugitive ne disait pas son secret. La terre toute ruinée et pilée sous le poids de tant d'existences qui s'y sont succédé était plus éloquente.

Nous avons suivi le rivage, relevant l'emplacement probable de la vieille Kambé, la ville qui fut fondée avant Carthage même et qui occupa le premier bord de la première baie. Dans l'eau, nous avons deviné, sous les vagues, le dessin robuste des quais et des môles ; nous avons vu le flot apporter, comme il le fait sans cesse, les débris informes des choses qui ont vécu et les morceaux légers de métal précieux qui, dit-on, furent jadis, des bijoux et que son caprice rend à la terre après les lui avoir enlevés.

Nous avons longé les murailles épaisses et profondes, les ruines alignées sur le rivage et qui servaient, peut-être, de substructions aux thermes que construisit la Carthage romaine ; nous avons traversé les jardins du prince Mohammed, et, derrière la caserne d'artillerie, nous avons fait le tour des deux lacs intérieurs qui furent probablement les deux ports de Carthage et qui restent là, circulaires et mats, comme deux miroirs d'étain où se mirent les cieux.

Nous avons fait l'ascension des collines, heurtant du pied tant de fragments qu'on dédaigne : morceaux de marbre, débris d'onyx ou de porphyre, briques vernissées, poteries à palmettes ; j'ai, du bout de la canne, tiré de la terre une petite pierre plate circulaire qui n'est rien autre chose qu'un poids romain.

A la Malka, ce sont les citernes, où se déversaient les eaux amenées par l'aqueduc monumental qui allait les chercher à soixante-dix kilomètres de là, dans les montagnes de Zaghouan. L'aqueduc est une ruine magistrale, qui, de partout, encombre l'horizon de Tunis et qui, à lui seul, suffirait pour raconter la grandeur des civilisations qui l'ont élevé. D'autres citernes alimentaient l'autre partie de la ville, à Bordj-el-Djedid. Elles ont été réparées ; l'eau y dort fraîche et claire, sous les voûtes pleines d'ombre. J'ai plongé la main dans la nappe que le travail de trois mille ans nous permet de conserver.

Nous voici au sommet de la colline.

Celle-ci, la sainte, portait le temple de Junon Céleste ou de Tanit, et l'autre la colline jumelle, la mâle, portait le temple d'Esculape-Eschmoun, peut-être le Moloch dont les autels réclamaient les sanglants sacrifices.

Ici, nous étions aux mains du dévot fervent de ces ruines, du dévoué et modeste P. Delattre : c'est lui qui nous a montré Byrsa. La robe blanche relevée, la calotte sur l'oreille et la figure rayonnant d'une joie d'archéologue où il y a de l'apôtre, il allait devant nous, en décrivant, expliquant, affirmant parfois, doutant souvent, mais soulevé par le feu d'une passion qui n'a été atteinte ni par les désillusions, ni même par le succès. Avec lui, nous avons vu les larges voûtes qui soutiennent les rampes de la colline et où l'on veut reconnaître une basilique; les murailles elles-mêmes, si singulièrement formées d'un bloc d'amphores remplies de terre mêlée aux pierres, aux gravois et au mortier; la nécropole où les anciens Carthaginois gardaient leurs morts sous des toits aigus, formés par deux dalles cyclopéennes, dans des cercueils cimentés qui restaient en communication avec la terre supérieure et avec la vie par une cheminée creusée dans les parois du rocher. C'est par ces cheminées que les survivants venaient parler aux morts, avec les mêmes lamentations et les mêmes vociférations que j'ai entendues encore, poussées par les femmes arabes, sur les tombes enturbannées, dans les cimetières de Kairouan.

Ces morts, d'ailleurs, je les ai vus de plus près ; je les ai, si je puis dire, tenus dans la main. C'est l'érudit et fin conservateur de l'archéologie tunisienne, M. Gauckler, qui m'a réservé ces étranges et graves émotions. Il s'est attaché à d'autres parties de la nécropole ; il en tire lentement un passé entièrement inconnu, un monde, celui de la Carthage antérieure à la conquête, de la Carthage des cinquième et sixième siècles avant Jésus-Christ.

Ils étaient là, couchés, le plus souvent deux par deux, côte à côte, ces gens qui ont vécu il y a deux mille cinq cents ans, et ils dormaient tranquilles, ayant, auprès d'eux, les approvisionnements qui doivent les nourrir, la petite lampe qui doit les éclairer, la pièce de monnaie qui doit leur servir durant la nuit de l'Erèbe. Quand on ouvre la porte des tombeaux, on les voit étendus, là, avec le ricanement séculaire de leurs dents blanches. Au contact de l'air, ils tombent en poussière : on recueille leurs cendres ; on les tamise pour ne rien perdre du menu mobilier qui les accompagne; puis leurs cendres reprennent la place que leurs corps occupèrent pendant de longs siècles, — et, dans cette courte apparition, ils ont raconté, l'un après l'autre, une page nouvelle de l'histoire mystérieuse, dont ils sont, désormais, les seuls témoins.

Ces débris sont conservés dans les deux musées : celui de Saint-Louis-de-Carthage et celui du Bardo, l'un alimenté par les fouilles du P. Delattre et l'autre par celles de M. Gauckler. C'est dans ces collections et dans les publications des deux savants qu'on commence à épeler l'histoire de la métropole phénicienne. C'est ici qu'on détermine lentement, par une étude attentive de détails, en apparence insignifiants, l'empreinte que la vieille civilisation a laissée sur toutes les générations qui, depuis, se sont succédé sur cette terre.

La religion de Carthage, la mythologie de Carthage, l'architecture de Carthage, les rites de Carthage; les superstitions de Carthage, tout pèse encore sur les populations actuelles, à travers l'apport prodigieux que deux mille ans de vie ont déposé sur ces rives. Le culte du grand Dieu qui, sous des noms divers, —

Baal, Moloch, Eschmoun, Esculape, Jupiter, — et de la grande Déesse — Tanit, Vesta, Vénus, Junon, Déméter, — ne sont probablement que le principe mâle et le principe femelle, le Soleil et la Lune, ce culte a survécu obscurément dans les âmes.

Qui sait ? Il existe peut-être encore, dans quelque coin, des croyances indigènes qui échappent à nos investigations. Il est certain, en tout cas, que les sacrifices humains accomplis sur la pierre sacrée se sont perpétués jusqu'à notre siècle; et voici, à ce sujet, le témoignage précis de l'annaliste arabe Ahmed-ben-Dias : « Le mardi 10 chaban de cette année 1227 de l'Hégire (correspondant au 24 juillet 1812), fut brisée la pierre qui était sur la plage de Sidi-bou-Saïd et qui, jusqu'alors, était appelée Trône des Saints. Ceci eut lieu en vertu d'une sentence de l'éminent mufti Ahmed-el-Baroudi, qui présida en personne à l'opération. Sur cette pierre, les ignorants sacrifiaient des victimes qu'ils jetaient ensuite à la mer, et certains d'entre eux pensaient que là on pouvait égorger des animaux sans prononcer la formule sacramentelle : « Au nom de Dieu, Dieu est le plus grand. »

Toute l'existence actuelle des Arabes est encore encombrée de la pensée carthaginoise. Ils gravent sur leurs bijoux et peignent sur leurs murs la Main mystérieuse qui représente la déesse-mère. Ils portent, parmi leurs armures, l' « uræus » et la croix ansée ; ils clouent sur leurs portes le cône symbolique surmonté de la tête humaine qui, lève au ciel les deux bras géométriques en forme de croix, et c'est dans un seul mythe : Tanit, Vesta, Luna, Déméter, Cybèle, Vénus, Junon, la Vierge Noire de Pessinonte et celle des Druides; ils enluminent leurs maisons des couleurs vives dont étaient peints, sur leurs étendards et dans leurs armes, le croissant et le disque, images de l'apparition bénigne, dans les nuits claires, d'Astarté et de sa compagne aux doux yeux, Vesper.

Leurs femmes s'habillent des mêmes étoffes et portent les mêmes amphores que l'on trouve représentées sur les vases d'origine phénicienne apportés par les marchands de Tyr et de Sidon; les courtisanes, qui viennent du Sud, s'offrent aux hommes dans l'accomplissement d'une traditionnelle prescription dont, peut-être, elles n'ont pas tout à fait perdu le sens rituel, et leur aspect est exactement décrit dans la phrase que Montesquieu consacre aux femmes phéniciennes qui assistent aux fêtes de Cnide : « Les ornements fatiguaient leur tête superbe; toutes les parties du monde semblaient avoir contribué à leur parure... » Partout, c'est la survivance de la vieille histoire dans l'histoire moderne. On dirait que l'humanité, quand une fois elle a fixé son rêve de l'éternel, fatiguée de l'effort, se refuse à la désapprendre et se contente de bégayer indéfiniment, en la mutilant à peine, la leçon une fois reçue et transmise de génération en génération.

Quelques jours après ma première visite à Carthage, j'étais à Kairouan. Le jour même de mon arrivée, à l'occasion de la seconde semaine du Ramadan, il devait y avoir à la mosquée une fête solennelle où l'on nous permit d'assister. A la tombée de la nuit, nous traversâmes la ville entière qui s'emplissait d'animation et de bruit; les lampes fumeuses s'allumaient l'une après l'autre; une foule bruyante se poussait dans les rues, coulant comme un fleuve vers le rendez-vous commun, à la mosquée. Cependant la cour intérieure, monumentale, claire et encadrée des arcades mauresques portées sur des colonnes romaines, était vide. Nous y étions presque seuls. La lune et l'étoile-sœur brillaient, dans le ciel, d'un indéfinissable éclat. Elles répandaient sur les dalles de la cour leur lumière blanche qui pénétrait sous les voûtes des arcades et les fouillait profondément. Les colonnes de marbre découpaient leur ombre fine et nette sur le pavé resplendissant. Au milieu, la fontaine des ablutions répétait son murmure monotone. La fraîcheur succédait à l'ardeur d'un soleil dévorant, et la Déesse bienfaisante, la lune régnait sur la nuit.

Au pied du minaret carré et robuste, une lumière survint; le muezzin montait à la tour; sa petite lanterne disparut, puis on la revit, tout en haut, sur le parapet, comme une étoile de plus qui s'atténuait dans la splendeur calme du ciel. Il chanta d'une voix lente et cassée dont les moindres notes, si frêles, tombaient jusqu'à nous, comme des larmes; et quand il eut fini les versets simples sa lanterne s'éteignit.

Nous nous retournâmes vers la mosquée. Elle était illuminée tout entière. L'or des lampes et des lustres se précipitait par les portes qu'on venait d'ouvrir toutes grandes.

On célébrait une fête populaire qui se rattache au souvenir d'Ali, et qui n'est rien autre chose, au fond, que la continuation, à travers les âges, du culte de Bacchus et des mystères d'Adonis, d'Isis et d'Osiris.

Une foule immense, hommes, femmes et enfants, criait, chantait, se réjouissait dans le temple. L'allégresse était sur tous les visages. Chacun avait mis ses plus beaux vêtements. Dans un coin, un groupe sombre de quelques Européens assistait à la fête antique. À l'heure de la prière, il se fit, sur la foule, un silence magnifique. Nous vîmes tous les assistants se tourner vers l'autel, et les turbans, les fez, les vêtements multicolores s'inclinèrent ensemble, à la voix du prêtre, courbés du côté de l'Orient et devant la majesté du Dieu qu'aucun œil n'a vu et qu'aucune image ne doit représenter :

... Nulla effigies, simulacrave nota deorum
Majestate locum implevere timore.

L'ISLAM

L'ISLAM

I

Nous voici donc en présence de l'Islam.

Fils de l'Asie, il avait parcouru rapidement le nord de l'Afrique et, ramassant dans ses bagages je ne sais quels débris de la civilisation byzantine, il s'était jeté sur l'Europe. Mais là, au bout de son prodigieux élan, il avait rencontré une autre civilisation également fille de l'Asie, héritière plus directe de Byzance, la civilisation aryenne et chrétienne, et il avait dû s'arrêter. Refoulé lentement sur l'Afrique, il s'y était établi pour des siècles ; tandis qu'une des pointes du croissant touchait au Bosphore, l'autre s'allongeait jusqu'à Fez et, par Alger, Tunis et Maroc, continuait à enserrer l'Occident.

C'est là, en Afrique, au plein cœur de sa domination, que la France est venue le surprendre. Saint Louis, fils de l'Espagnole et à demi compatriote du Cid, avait porté la guerre en Égypte et à Tunis. Louis XIV avait menacé les Régences. Bonaparte avait repris le rêve séculaire. Mais c'est la France du dix-neuvième siècle qui rompit le charme et qui enfonça, par le milieu, l'immense escadron qui, depuis des siècles, se cabrait sur l'Europe. Alger est à nous, voilà soixante-treize ans; Tunis, depuis plus de vingt ans.

Nos avant-gardes ont atteint, maintenant, les bords de l'autre rivage, ceux où le Sahara fait déferler ses dunes de sable. Et quelle ne fut pas la surprise de nos derniers adversaires, de ceux qui, repoussés pied à pied, se tenaient accrochés à la bordure de plus en plus étroite du désert, quand ils apprirent que, de l'autre côté, ils étaient tournés; lorsqu'il arriva, du Soudan lointain, des caravanes disant que les Roumis étaient aussi là-bas, qu'ils s'étaient implantés au Sénégal, qu'ils gagnaient Bakel, Bamakou, Segou-Sikoro, qu'on les rencontrait sur le Niger, sur le lac Tchad, que Tombouctou, la Sainte, avait succombé; et lorsque, enfin, leurs missionnaires les plus aventureux, ceux qui, tout à fait en pointe, parcouraient les marchés de l'Afrique centrale, sur la Sangha et à Ngaoundéré, firent savoir que, là encore, on rencontrait les hommes à l'étendard tricolore, qu'ils remontaient les fleuves, organisaient le pays, et que leurs « babours » déroulaient, sur les étranges paysages du Congo et du Chari, leurs panaches de noire fumée !... C'est alors que, dans les douars découragés, on entendit les gens assis, la tête sur les genoux, se répéter, en invoquant le nom d'Allah, la formule qui devint l'avant-courrière de nos derniers succès : « La France est une *grande tente*; si on essaye de lutter contre elle, elle finit toujours par avoir le dessus. « *Mektoub*. C'était écrit ! »

Donc, la France est, partout, en contact avec l'Islam, ou plutôt, elle est installée en plein Islam. Elle est allée chez lui. Elle a conquis le territoire, soumis les populations; elle s'est substituée aux chefs; elle dirige, administre, touche les impôts, enrôle les jeunes gens, et en fait des soldats qui combattent pour elle. Elle a charge d'âmes. Cet Empire qu'elle a ainsi constitué brusquement, en pleine Afrique, est, en somme, l'héritier des civilisations que l'Afrique a vues fleurir : la Carthaginoise, la Romaine, l'Arabe. Dans l'évolution qui, tous les mille ans, se produit sur ces côtes, son tour est arrivé.

Et c'est un peuple républicain, de quarante millions d'âmes, n'ayant d'autre guide que lui-même, sans dynastie et sans chefs héréditaires, c'est ce peuple qui a pris en mains la conduite d'une autre population qui bientôt peut-être l'égalera en nombre, répandue sur d'immenses espaces, vivant sous des ciels inconnus, y poursuivant une existence déjà ancienne, obéissant à des traditions, à des règles, à des instincts tout différents de ceux auxquels nous obéissons nous-mêmes ; et, à cette population islamique et sémitique, ce peuple aryen, chrétien et républicain doit apporter, maintenant, le pain et le sel de la vie et de la civilisation ! Assurément, les conditions du problème sont rares, et le peuple dominateur ne peut pas trop s'appliquer à les connaître et à s'éclairer.

L'Islam n'est pas seulement en nous. Il est aussi hors de nous. Il est tout près de nous, au Maroc, sur cette terre secrète, dont l'existence actuelle est aussi mystérieuse que la prochaine destinée; il est près de nous, à Tripoli, et c'est par là que se maintiennent les dernières communications du centre islamique méditerranéen avec les communautés musulmanes de l'intérieur de l'Afrique ; il est en Égypte, et l'Angleterre l'y rencontre comme elle le rencontre aux Indes ; il est en Asie, et il occupe encore Jérusalem. Il couvre tout le berceau de l'humanité ; il recrute, par millions, ses adhérents sur toutes les vieilles terres ; il pousse sa pointe en Chine, et on va jusqu'à prédire l'heure où les vingt millions de Chinois musulmans seront cent millions et où les invocateurs d'Allah auront remplacé les disciples de Çakia-Mouni.

D'ailleurs, partout l'Islam déborde ses frontières ; il est la seule religion du monde qui opère encore des conversions par masses et dont le prosélytisme soit efficace. En Afrique, les marabouts vêtus de blanc apportent aux fétichistes noirs et nus une règle de vie, de même qu'en Asie les vieilles populations jaunes acceptent ses préceptes. Enfin, il est établi en pleine Europe, à Constantinople, et, depuis quatre cents ans qu'il est là, les efforts successifs des populations chrétiennes n'ont pu l'extirper de ce coin de terre d'où il domine les mers orientales et départage les puissances occidentales. Dans les salons de Yildiz-Kiosk, on voit, assis sur les divans, auprès des ambassadeurs, les ulémas et les derviches vêtus de laine et coiffés du massif turban. Ils sont là, pareils à des personnages des Mille et Une Nuits, semblables à ceux que décrivait au dix-septième siècle cet ambassadeur de Louis XIV, M. de Nointel, dont M. Vandal nous a raconté l'amusante histoire ; ils n'ont pas bougé ; ils récitent leur chapelet et attendent, assurés d'avoir leur tour et de faire entendre leurs réclamations et, au besoin, leurs reproches, au maître dont la puissance n'a d'autre soutien solide que leur foi.

Et tous, — ceux de Constantinople et ceux du Maroc, ceux de l'Asie et ceux de l'Afrique, les sédentaires et les nomades, les urbains qui vont prier dans les mosquées sous les marbres arrachés aux temples antiques, les caravaniers qui, marchant par les déserts, s'inclinent à l'heure de la prière et font leurs ablutions de sable la face tournée vers l'Orient; tous, ceux qui sont vêtus de la gandoura et ceux qui portent la stambouline, ceux qui coiffent le fez et ceux qui gardent le turban, ceux qui ont à la ceinture le sabre et le yatagan, et ceux qui suivent à Berlin les cours de l'Université, et à Paris ceux de l'École des Sciences politiques, — tous ont toujours les yeux tournés vers un lieu unique.

C'est la terre sacrée, la terre close, là-bas, au fond des déserts, la terre où le prophète de Dieu a vécu, où son corps repose, où nul infidèle ne peut pénétrer qu'en se cachant honteusement ; la terre où fleurissent les deux villes : la Mecque et Médine ; la terre d'où les pères sont venus, où les fils retournent d'un mouvement continu qui couvre toutes les routes du monde d'un perpétuel pèlerinage. Tous, tous aspirent à ce centre. Ils vivent dans l'espoir d'y venir ; ils meurent dans le regret de n'y être pas venus ou dans l'espérance de le revoir encore. A cette terre, ils sont reliés comme par un fil qui commande leurs actes, leurs rêves, leurs gestes, leur pensée.

De loin, ils sont liés à ce pôle, enchaînés par cet aimant ; de près, leur joie va grandissant jusqu'à l'extase, dès qu'ils approchent de la Kaaba, de la maison de Dieu, de la fontaine de Zem-Zem où coule l'eau sacrée, de la Pierre Noire entourée du disque d'argent qui est le nombril du monde, et au fur et à mesure qu'ils voient s'accomplir le rêve qui, du bout de la terre, les a emportés vers le voisinage de Dieu : « Dans l'enceinte sacrée, tout le monde est debout. L'imam commence la prière du soir. Vingt mille fidèles se pressent, méthodiquement alignés, figés en une immobilité de statues : « Bis-

« millah », dit l'imam. — Le silence est solennel et une muette adoration remplit tous les cœurs. — « Allah oukbar »; les fronts s'inclinent. — « Allah oukbar (Dieu est grand)! », reprend en chœur, à voix basse, la multitude des fidèles. Mais leur nombre est si grand que ces paroles prononcées à voix basse s'unissent en un souffle prodigieux qui vibre longuement et courbe la foule en prière... » (Courtellemont.)

Et ne croyez pas que cet Islam extérieur, uni dans une même pensée, soit sans contact avec notre Islam à nous. Si les pays dominés par les nations chrétiennes ne sont pas véritablement « demeures de l'Islam (Dar el-Islam) », s'ils sont les « pays de la lutte (Dar el-harb) », ils n'en restent pas moins chers au cœur de tout bon musulman. Une colère constante gronde et tourne autour d'eux comme celle d'une tigresse autour de la cage où sont enfermés ses petits ; et les barreaux de la cage ne sont ni assez serrés ni assez forts pour empêcher qu'on y pénètre.

Dans nos villes, dans nos villages, le derviche pauvre, nu sous sa gandoura rayée de noir, hâve, chétif, à demi fou, marmonnant, sans trêve, le nom de Dieu et de son prophète, est un émissaire conscient ou inconscient qui va, de tente en tente ou de gourbi en gourbi, racontant la légende des saints de l'Islam et laissant parfois de dangereuses semences.

Le monde musulman est organisé en confréries où des milliers et des milliers de nos sujets sont enrôlés, et qui n'ont pas toutes leurs centres ou leurs principales « zaouias » sur les territoires qui nous sont soumis ; les agents vigilants de ces confréries parcourent nos colonies d'Afrique, sont partout reçus, hospitalisés; pour eux, le plus pauvre tue son mouton, et ils emportent, de partout, des aumônes, ou des collectes, ou des cotisations plus ou moins régulières, qui se chiffrent, paraît-il, en Algérie, à huit millions par an, tandis que la somme totale des impôts qui nous sont payés représente à peine le double.

Parmi ces confréries, il en est de pacifiques, il en est d'inoffensives, il en est même qui entretiennent avec nos autorités d'excellents rapports ; le lien qui les unit est souvent lâche et sans consistance; l'anarchie qui désole l'Islam africain les atteint souvent. Mais il en est de plus redoutables, qui ont leur origine et leur raison d'être dans la lutte contre l'Infidèle, et qui ont voué une haine absolue à la civilisation. Non loin des régions où s'étend notre hinterland, le cheik snoussi a fondé sa secte, à Djaghboub, à deux journées de l'oasis mystérieuse où s'élevait le temple de Jupiter Ammon. Ses fils ont émigré à Koufra. Ce sont les rigoristes de l'Islam.

Longtemps, ils ont traité en adversaire le sultan de Constantinople, le considérant comme compromis par ses relations avec les chrétiens. Aujourd'hui, ils semblent s'être rapprochés de lui, et leurs mœurs se sont peut-être adoucies. Mais on n'en attribue pas moins à leur action ou à leurs intrigues le réseau d'hostilité qui enveloppe de ses mailles serrées les efforts de nos missions dans tout le Sahara central.

Enfin, de Constantinople même, de Syrie, d'Arabie, du Maroc, de partout, un complot couvert, mais toujours actif, veille, prêt à profiter de la moindre défaillance. Tout récemment encore on voyait nos sujets algériens, répondant à je ne sais quel appel secret transmis de bouche en bouche, se lever par bandes et, malgré les obstacles, s'en aller jusqu'en Syrie, jusqu'en Asie-Mineure, pour retrouver, en terre d'Islam, la délivrance illusoire qu'ils s'impatientaient d'attendre dans le pays de leurs pères. Peu après, les événements de Margueritte ont été, au moins, un symptôme.

Dans le silence de la conquête et sous la résignation du vaincu des germes dangereux subsistent. Si la résistance n'a plus de chefs politiques, l'étroite confraternité religieuse de tout le monde islamique tient les esprits en éveil pour le jour des revendications promises. Il n'est pas un musulman qui n'attende Celui qui doit venir du côté de l'Orient, « monté sur une ânesse à la crinière longue et épaisse », portant à la main les deux attributs, « celui qui représente l'Enfer et celui qui représente le Paradis ». Ce sera le « Maître de l'heure », celui qui délivrera le pays de l'Islam et qui chassera l'Infidèle. Tout imposteur qui se prétend ou se croit inspiré peut courir la chance que lui offre la facile crédulité des foules. Il peut, à tout hasard, lever l'étendard vert et se proclamer el Mahdi.

Ainsi, dans la question de nos relations avec l'Islam, le problème religieux et le problème politique, le problème intérieur et le problème extérieur sont étroitement unis, et c'est ce qui fait, pour les solutions à peine entrevues que je vais indiquer maintenant, son étrange complexité.

II

Dans toute religion, les questions capitales sont celles de la prédestination, de la grâce, de la justification. Ces mots ont un aspect théologique un peu revêche : qu'on les comprenne cependant. La religion met l'homme en présence de Dieu, ou, si vous voulez, elle met la créature en présence du créateur. Or, le créateur garde-t-il un empire absolu sur la créature, de telle sorte que celle-ci ne puisse agir que par la volonté constante et latente du Dieu qui l'a créée ; ou bien la créature, une fois échappée à la main du créateur, a-t-elle une initiative propre, agit-elle en vertu d'une volonté indépendante et d'une décision qui n'emprunte rien à personne ?

L'homme, créature de Dieu, est-il, si je puis dire, affranchi de Dieu ? Possède-t-il le « libre arbitre » et la pleine jouissance de son être, ou bien ses actes, bons ou mauvais, sont-ils tous dictés par la loi suprême et par la volonté maîtresse du monde qui a présidé à sa naissance? Voilà la grosse difficulté religieuse et philosophique qu'aucune religion et aucune philosophie n'ont résolue d'une façon satisfaisante pour l'entendement humain. Elle était débattue, j'ai à peine besoin de le dire, dans les écoles philosophiques de l'antiquité.

Dès l'origine de l'histoire, deux doctrines se sont partagé les esprits, l'une s'inclinant devant la grandeur divine et abîmant l'homme dans son incurable infirmité, l'autre relevant l'homme et lui donnant des droits, par sa foi, sa volonté et ses œuvres, à la conquête de Dieu. La première de ces écoles a pour conséquence naturelle de pousser l'homme à une sorte de résignation et parfois de découragement, tandis que l'autre le jette dans la lutte, dans l'action. Le Bouddhisme est la plus parfaite école du renoncement, puisque l'homme et le monde s'absorbent dans le rêve divin ; la religion anthropomorphique des Grecs était celle de la vie et de l'action, puisque l'homme, le Héros, pouvait, par ses œuvres, devenir Dieu.

Or, sur les ruines du monde antique, à six siècles de distance, deux religions ont apparu qui représentent encore, avec moins de rigueur cependant, les deux thèses opposées.

La religion chrétienne, héritière plus directe de l'antiquité aryenne et en rupture violente avec le sémitisme dont, pourtant, elle était fille, tend à relever l'homme en le rapprochant de Dieu, tandis que la religion mahométane, fille de l'Arabie et moins dégagée de l'influence sémitique, tend à abaisser l'homme, en reculant Dieu au fond de l'infini.

Ces deux tendances différentes se manifestent dans le dogme capital qui est comme l'axe de l'une et l'autre religion, celui de l'essence de la Divinité. Pour le chrétien, Dieu est une trinité : Dieu le père a engendré Dieu le fils ; Jésus-Christ est à la fois homme et Dieu ; le Saint-Esprit les unit. Cette triade mystérieuse, qui a ses origines dans la nécessité d'un homme-Dieu rachetant le péché originel de l'humanité, est en horreur au mahométisme qui se tient énergiquement, passionnément attaché à sa foi en un Dieu unique et en une seule personne divine : « Dieu seul est Dieu ; il n'y a d'autre Dieu que Dieu ! » La conception chrétienne, plus douce et plus réconfortante pour l'homme, porte l'homme, par une pente insensible, vers l'action qui peut l'approcher de Dieu puisque, si je puis dire, les ponts ne sont pas coupés ; tandis que le Dieu farouche de Mahomet laisse sa créature rouler dans l'espace selon la ligne inflexible d'une loi une fois dictée, sans autre ressource que la prière et l'invocation résignée du nom unique qui est la seule espérance : aussi le mot « Islam » veut dire « abandon aux volontés de Dieu ».

Les deux religions, ou mieux les deux civilisations, sont donc en présence ; elles ont des points de contact par leur origine commune ; elles ont emprunté toutes deux aux deux antiquités grecque et sémitique une partie de leurs dogmes, de leurs rites, de leur morale ; elles pourraient souvent se pénétrer l'une l'autre ; mais elles ont, au fond, entre elles, un dissentiment magistral sur la question de la puissance divine et de la liberté humaine.

De cette situation double, de ces ressemblances et de ces dissemblances, naissent les deux méthodes différentes que nous avons suivies dans nos rapports avec l'Islam. Les uns, frappés par les divergences, considèrent l'Islam comme un irréductible ennemi.

D'après M. Kimon, adversaire déclaré de l'Islam, le mahométisme est une lèpre qui a envahi le monde et qui le mine. C'est une maladie terrible, une « paralysie générale », une folie extatique qui réduit l'homme à la paresse et ne le réveille que pour le meurtre et la débauche. Le tombeau de Mahomet à la Mecque est une puissante « pile électrique » dont le fluide affole tous ces cerveaux et les condamne à toutes les manifestations d'une hystérie commune et généralisée : la folie raisonnante, l'obsession du mot (Allah! Allah! indéfiniment répété), les manies systématisées (horreur du porc, du vin, de la musique), la folie lyrique ou mystique, la lypémanie ou mélancolie, la systématisation des idées de cruauté, la perversion sexuelle. Il affirme tranquillement que les musulmans sont des bêtes féroces « comparables à la panthère et l'hyène » (je cite); « il faudrait en détruire un bon vingtième » (je cite encore), les condamner au travail forcé ; il faudrait aussi ruiner la Kaaba de la Mecque et « mettre le tombeau de Mahomet au Louvre ». La solution est radicale, n'est-il pas vrai? et simple et humaine... Mais il y a cent trente millions de musulmans, et peut-être bien que « ces fous dangereux » feraient la bêtise de se défendre.

D'autres, à l'opposé, ne voient, dans l'Islamisme, qu'une religion, une civilisation sœur de la nôtre. Certains vont même jusqu'à la considérer comme supérieure et M. Loyson (l'ancien P. Hyacinthe), reconnaissant dans le mahométisme un christianisme perfectionné, conseille aux Français, pour retrouver leur religion perdue, de se servir du secours de l'Islam. Sans aller jusque-là, il en est qui réclament, pour l'Islam, une grande considération. Ils invoquent l'avis d'un éminent historien de l'Église, plus tard cardinal, qui admet que, pour les Africains, le mahométisme serve de pont entre le fétichisme et le christianisme. Il ne s'agit donc pas seulement de tolérance, mais de bienveillance : développons l'Islam, entretenons les mosquées et les médersahs ; cherchons à faire de lui l'instrument de la conquête et de la civilisation françaises.

Voilà les deux systèmes en présence : ils admettent, évidemment, entre eux, toute la série des graduations, des atténuations et des conciliations. Mais, au fond, ils coexistent, et, quand on vient au fait, on s'aperçoit aisément que chacun de nos représentants, de nos fonctionnaires et de nos colons a fait son choix et qu'il détermine sa conduite et son mode de vie à l'égard des musulmans, selon qu'il penche, consciemment ou inconsciemment, vers l'un ou l'autre des deux pôles où se placent, naturellement, les intransigeants et les fanatiques.

Et ce sont ces tendances divergentes, transportées du domaine de la conscience dans celui de l'action, qui ont fait souvent les incohérences et les à-coups de notre œuvre sociale, politique et administrative. De là viennent ces incertitudes, ces faux départs, ces retours brusques, ces hauts et ces bas, en un mot ce manque de méthode et de suite qui est comme le diagramme permanent de notre action gouvernementale et particulière en Afrique. Et ce mal ne peut que croître et devenir de jour en jour plus dangereux, si l'on pense qu'il ne s'agit plus seulement de l'Algérie avec ses quatre ou cinq millions d'indigènes, mais de la moitié d'un continent avec une population déjà considérable que le développement de la « paix française » et l'abolition de la traite des nègres vont multiplier rapidement.

La question est donc urgente, et il faut prendre un parti. Elle ne se résout pas en quelques lignes; mais je voulais, du moins, la poser, une fois encore, devant l'opinion. Je voudrais aussi indiquer le procédé qui, pour arriver à un résultat pratique, me paraîtrait le plus sage; et je voudrais, enfin, ajouter une autre remarque qui intéresse également la solution du problème.

Déjà, lors de la constitution définitive de notre domaine africain, j'ai demandé, et je demande encore que la question de nos relations avec l'Islam soit l'objet d'une enquête complète, faite en public par des gens compétents, auprès de gens compétents, de façon à déterminer, le plus tôt possible, pour tous, pour le gouvernement comme pour les simples particuliers, la ligne de conduite que tous, les simples particuliers comme le gouvernement, doivent décidément adopter.

Le colon arrive en Algérie, en Tunisie, au Sénégal. Il se trouve immédiatement en contact avec l'Arabe, avec le musulman ; c'est avec le musulman qu'il va traiter de l'achat d'un champ; c'est au musulman qu'il va demander le secours de la main-d'œuvre ; c'est avec le musulman qu'il va bientôt aménager sa vie pour des années et des années. Or, ces deux hommes, si voisins, ignorent tout l'un de l'autre ! Combien cette méconnaissance réciproque est plus grave quand il s'agit du fonctionnaire, du magistrat ou de l'officier qui doivent commander à ces masses passives et muettes, qui doivent veiller à leurs intérêts, trancher leurs différends, leur imposer nos lois ! Et combien enfin elle est plus redoutable, quand il s'agit de nos hautes autorités coloniales ou métropolitaines, de notre gouvernement central dirigé par les onze ministres, dont un ou deux, tout au plus, ont regardé attentivement la carte de ces immenses régions !

Eh bien, puisque nous avons accepté cette responsabilité, obtenu cette autorité, réfléchissons mûrement aux moyens de l'exercer. Demandons à ceux qui savent, interrogeons ceux qui ont vu ; réclamons, de leur compétence, la rédaction d'un bréviaire et d'un catéchisme politique résumant les préceptes de nos relations avec le monde musulman. Tout un bataillon de théoriciens et d'hommes pratiques — fonctionnaires, officiers, professeurs, ingénieurs, agriculteurs, colons, — ont été ou sont en contact perpétuel avec le musulman et font, de sa vie et de ses préoccupations, l'objet de leurs études. D'ailleurs, les musulmans peuvent nous renseigner eux-mêmes. Si on les interroge, ils répondront. On fait des enquêtes sur tout, même sur les sujets qui paraissent le mieux élucidés. Celui-ci est des plus obscurs. Pourquoi ne pas recourir au seul moyen qui permette d'y jeter à flot la lumière et de répandre, en même temps, cette lumière sur tous ceux qui ne demandent qu'à en recevoir les rayons?

A la suite de cette information, des instructions précises seraient rédigées qui, adressées à tous nos fonctionnaires, remises à tous nos colons, répandues dans toutes nos écoles, détruiraient bien des erreurs et des légendes, aplaniraient bien des difficultés, préviendraient bien des fautes, souvent irréparables. Une sorte de *vade mecum* de la France colonisatrice serait, pour tous, un réel bienfait et nous permettrait de vivre, pendant un demi-siècle peut-être, sur l'expérience de tant de bons Français, bons arabisants, qui, dispersés et sans lien, pleurent souvent, dans la solitude, des larmes amères sur des fautes qu'un seul mot aurait souvent permis d'éviter.

Le résultat de cette enquête, personne ne peut le préjuger. Mais je voudrais du moins indiquer, en terminant, un ordre de considération qui me paraît de nature à nous mettre dans la bonne voie.

J'ai dit, plus haut, l'étroite union de la religion et de la politique dans tout le domaine de l'Islam. En l'état actuel des choses, les musulmans ont le sentiment très puissant de leur foi commune; mais ils n'ont qu'une conception plus vague de la communauté politique et de ce que les anciens appelaient la Cité. Leur patrie, à eux, c'est l'Islam. Le pouvoir émane de Dieu : il ne peut donc appartenir qu'à un homme qui partage leur croyance. Jusqu'ici, aucune autre idée n'était entrée pratiquement dans leurs cerveaux, et c'est ce qui provoquait dans les pays de domination chrétienne les plus graves malentendus.

Or, voici que, peu à peu, et sur un point particulièrement bien choisi, un changement se produit : la séparation des pouvoirs s'est opérée sans secousse, et le fait est maintenant « fait accompli » : il s'agit de la Tunisie. Là, en effet, une formule s'est dégagée, résultant de l'expérience parfois si rude que la France avait faite en Algérie, c'est celle du « protectorat ». On sait en quoi consiste ce système. Avant tout, respect de l'ordre antérieur à la conquête : les institutions sont maintenues, les mœurs sont sauvegardées, le Bey même reste en place. Si bien que, par une légère modification, ou, pour mieux dire, par un simple contrôle introduit dans le système administratif et politique, nous nous y sommes glissés, et nous avons capté la force entière de la machine, tout en en conservant les rouages.

Le changement s'est produit avec tant de rapidité et de souplesse que les populations n'en ont nullement souffert. Rien de grave ne les a choquées. Les mosquées sont demeurées closes pour le chrétien; les biens habous n'ont pas été détournés de leur affectation religieuse ou charitable; les caïds continuent à juger et à administrer; le droit indigène n'a été modifié qu'avec le consentement et souvent sur la demande des populations; un nombre restreint de fonctionnaires a présidé au changement, et, parmi ces fonctionnaires, beaucoup sont tunisiens. En un mot, une révolution très importante s'est accomplie avec le minimum de douleur et d'efforts. Le pouvoir civil s'est établi, sans que la religion ait souffert; la pensée européenne s'est introduite sans que la foi mahométane ait gémi; l'autorité française s'est mariée à l'autorité indigène d'une union qui, depuis vingt ans, est sans nuages.

Donc, il existe maintenant une terre d'Islam

où le fil qui réunit les unes aux autres toutes les parties de l'Islam est distendu, sans être délié et coupé! Il existe une terre qui, sans échapper, au point de vue religieux, à la Mecque et au passé asiatique, voit naître un esprit nouveau dans la jurisprudence, dans l'administration, dans les mœurs, une terre, en un mot, qui peut servir d'exemple, et cette terre, c'est la Tunisie.

Ayant vu Carthage et Rome, Byzance et les Maures, saint Louis et Charles-Quint, elle était la terre de la lutte; elle devient la terre de la conciliation. Les deux religions, les deux civilisations se touchent ici et se pénètrent; les points de contact qui existent entre elles par leurs origines s'affirment; les divergences et les haines s'atténuent dans un désir mutuel de jouir, en commun, d'un sol fécond et d'un ciel clément.

Il tombe, de ce climat, une douceur qui adoucit les âmes. Peut-être aussi que les ruines si nombreuses et si diverses laissées là par les civilisations antiques ne sont pas mortes tout à fait et qu'elles se sont remuées à notre approche pour renouer la chaîne des temps.

La mosquée de Kairouan a bâti ses arcades

sur les fûts intacts des colonnes romaines;
le cardinal Lavigerie a planté sa cathédrale
au front de cette colline de Byrsa où Tanit
fut adorée. Un vaste mélange d'histoire se fait
sur cette terre, sous l'égide tolérante et humaine de la France. Qui sait? peut-être ces
magnifiques destinées, qui remontent au plus
lointain du passé, revivront-elles au cours
du siècle qui commence et empliront-elles
l'avenir.

III

[Les deux morceaux qui précèdent, consacrés à l'Islam, ayant paru dans le *Journal*, ont provoqué une assez vive polémique dans les milieux musulmans. On m'attribua à tort les passages de M. Kimon que j'avais cités pour les réfuter. On ne tint aucun compte des passages contraires favorables à l'Islam et que j'avais empruntés à M. Loyson et au cardinal Lavigerie. Je dus relever ce procédé de polémique ou, si l'on veut, une erreur d'interprétation qui était peut-être involontaire. D'autres critiques plus spécialement théologiques m'étaient adressées en même temps. Je crus devoir répondre à cet ensemble d'observations par l'exposé suivant :]

Il m'est impossible de ne pas revenir sur certaines controverses qui ont été soulevées par les deux articles que j'ai consacrés récemment à la question de l' « Islam ».

En vérité, j'ai été pris, comme on dit, entre deux feux. Dans le monde chrétien, on m'a reproché de me montrer trop favorable à l'Islam ; dans le monde musulman, on m'a présenté comme un adversaire de l'islamisme. Ce serait à décourager d'être conciliant, si l'on ne savait, depuis longtemps, que les gens qui s'efforcent d'être raisonnables sont des enclumes désignées pour les deux marteaux.

Il faut, tout d'abord, que je signale un procédé de polémique qu'une certaine ignorance de notre langue, plus encore, à mon avis, qu'un parti pris qui friserait la mauvaise foi, a introduit dans une partie de la presse musulmane.

Un journal qui paraît au Caire, *Al-Moayad*, a donné une traduction, ou plutôt un abrégé complètement erroné de mes articles. J'avais eu l'occasion de citer les opinions émises par M. Kimon dans son livre la *Pathologie de l'Islam*. Je les avais citées pour les répudier. J'en avais signalé la dangereuse rigueur. J'avais essayé d'indiquer à quels excès la polémique contre l'Islam conduit des esprits prévenus, et, pour qu'aucune confusion ne fût possible, j'avais pris soin, en analysant certains passages du livre de M. Kimon, de mettre entre parenthèses, après chaque phrase, les mots « je cite », « je cite ». Malgré toutes ces précautions, on a cru devoir m'attribuer les opinions que je combattais. Et dans le journal *Al-Moayad*, une « grande personnalité », un « grand imam de la religion musulmane », a pris la peine de répondre à des idées qui n'ont jamais été les miennes, et qui sont justement à l'opposé de celles que j'ai soutenues dans mon étude. Le « grand imam », sauf le respect que je lui dois, n'a fait, en somme, qu'enfoncer une porte ouverte. S'il m'a lu dans le texte, il ne m'a pas compris. S'il m'a lu dans une traduction, cette traduction est infidèle, et j'en appelle à sa bonne foi pour faire connaître à ceux qui l'écoutent ma véritable pensée, exprimée aussi clairement que possible, et qui est toute de respect, de modération et de conciliation.

D'ailleurs, ces observations ont déjà été présentées, mieux que je ne puis le faire moi-même, par un autre journal arabe, qui se publie également en Égypte et qui jouit d'une réputation méritée dans tout le monde musulman : c'est *Al-Ahram*. Son rédacteur, M. Takla, le publiciste distingué, qui dirige, en même temps, le journal français *Les Pyramides*, a pris la peine de répondre, point par point, aux observations de l'imam ; et, comme il s'agissait d'une question de bonne foi, sa polémique, à la fois courtoise et pénétrante, ne me laisse pas grand'chose à ajouter.

De cet incident, il se dégage cependant un

enseignement qui, au fur et à mesure que j'avance dans la vie, devient, à mes yeux, d'une très pressante autorité, à savoir que les difficultés qui existent entre les hommes ont presque toujours leur origine dans un malentendu, dans une faute d'intelligence, ou, pour mieux dire, dans une « faute de se comprendre ». L'erreur provenant, à un moment donné, soit de la mauvaise lecture d'un mot, soit de l'insuffisante compréhension d'une phrase, d'une opinion ou d'un sentiment, soit d'un artifice de polémique, a déterminé souvent des maux incalculables et a séparé pour toujours des gens qui étaient tout près l'un de l'autre et qui, peut-être, étaient faits pour s'entendre.

Si on pouvait effacer la série des conséquences funestes et des violences inutiles ou exécrables qui se sont accumulées ainsi peu à peu, si on pouvait revenir au point de départ et au léger dissentiment originel, on serait étonné de la facilité avec laquelle auraient pu s'arranger des difficultés qui ont fini par creuser de profonds abîmes. On a dit que le monde était livré aux disputes des hommes. Il paraît que c'est un dessein providentiel ; car, vraiment, il serait incompréhensible que de si grands et déplorables effets pussent être le résultat de causes si mesquines, et il y a des moments où on se demande si les hommes ne pourraient pas refaire les voies de l'histoire en essayant de se comprendre les uns les autres, à supposer qu'il ne leur soit pas donné de s'aimer les uns les autres.

En tout cas, j'ai toujours pensé que, même dans les matières les plus graves, il n'y avait pas de question tellement complexe et embrouillée qui ne contînt en elle-même sa solution équitable et pacifique. Je reste convaincu que, dans un débat d'intérêt ou d'idées, deux esprits de bonne foi, s'appliquant avec méthode et prudence à la conciliation et faisant un effort sincère pour sortir d'eux-mêmes, aboutiraient à un accommodement acceptable pour les deux parties.

J'ai toujours pensé que la diplomatie, en particulier, avait, en ce sens, une mission, un mandat, une fonction spéciale qui est son grand honneur et qui trouve sa récompense non seulement dans la reconnaissance tacite des peuples, mais dans la beauté de l'œuvre intellectuelle, accomplie sans bruit et sans fracas dans le silence du cabinet. L'appel à la force et à la fameuse *ultima ratio* me paraît être le dernier des procédés, la ressource des gens qui n'en ont guère.

On croit le plus souvent qu'il faut choisir entre la paix ou la rupture ouverte. Lourde et funeste erreur. Entre la paix et la guerre, il y a un vaste champ d'action qui appartient à la diplomatie.

Et la méthode trouverait son application jusque dans le domaine des débats philosophiques et religieux. Il y a une diplomatie des idées et des croyances : elle repose sur la tolérance. Ce n'est pas une invention de notre siècle : c'est l'intolérance plutôt qui est récente et la tolérance qui est antique. En reprenant les grands conflits humains à leur point de départ, on serait frappé des ressemblances plus encore que des divergences entre les opinions qui sont devenues, par la suite, inconciliables. En tout cas, on vivrait en paix les uns avec les autres, et c'est ce qui est promis, sur la terre, aux hommes de bonne volonté.

Ceci m'amène à un autre genre de critiques qui m'est adressé également du côté musulman. Cette fois, il ne s'agit plus de politique, mais de philosophie et de théologie.

Deux communications des plus curieuses me sont parvenues à ce sujet : l'une émane d'un homme dont le nom est connu en France, c'est Ahmed Riza, le directeur du *Mechveret*. Il a réuni ses observations dans une brochure intitulée : *Tolérance musulmane*. C'est une réponse à ceux des écrivains occidentaux qui accusent le monde musulman de fanatisme. Il nous retourne le reproche et il met sa conclusion sous le haut patronage du cardinal Lavigerie, dont il cite les paroles : « Je déclare, disait ce prélat, que je considérerais comme un crime et comme une folie de surexciter, par un prosélytisme imprudent, les populations musulmanes. » Il y aurait bien à dire sur le tableau un peu idyllique que M. Ahmed Riza fait de la « tolérance musulmane ». Mais je suis bien d'avis que les récriminations et les injures réciproques n'avancent pas l'œuvre de la paix et qu'il vaut mieux chercher à se comprendre que de crier au plus fort pour empêcher tout le monde de s'entendre.

J'ai eu, enfin, la faveur d'une communication émanant d'une des personnalités les plus considérables du monde musulman, Ahmed Midhat Effendi, le plus justement célèbre des écrivains turcs de l'heure actuelle.

Je regrette vraiment que les dimensions de la note qu'il m'a fait parvenir et le ton un peu doctrinaire qu'il a pris, en traitant des matières par elles-mêmes absconses, ne me permettent pas de l'imprimer ici tout entière. Les lecteurs français auraient certainement plaisir à savourer un morceau de littérature orientale écrit dans un excellent français. Mais quoi! la théologie, même musulmane, a toujours quelque chose de rébarbatif. Je citerai cependant un court fragment où l'écrivain explique ce qui est, selon lui, l'essence même de la religion musulmane : « En matière de foi, chaque musulman, dit-il, est son propre prêtre; il n'a à rendre compte qu'à Dieu seul, directement et sans intermédiaire, de ses idées, comme de ses actes. Mohammed lui-même n'eut et ne prétendit jamais assumer les pouvoirs que se donnèrent les différents clergés du christianisme. Rien, au contraire, ne le distingua des autres hommes devant la justice du Seigneur, ainsi que l'atteste le Coran. Il s'ensuit donc qu'à cette question : Qu'est l'Islam? toutes les sectes musulmanes donneront la même réponse : « Le fait de se

« conformer aux prescriptions du Coran, et à
« aucune autre chose qu'au Coran ». Or, cette
religion coranique ne « tend » nullement à
abaisser l'homme en reculant Dieu au fond de
l'infini (1); car, d'après le Coran, « Dieu est
plus près de l'homme que ses veines jugulaires ». Cette religion, distinguant nettement
l' « homme moral » de l' « homme matériel »,
fixe l'état de chacun « d'une manière très satisfaisante pour l'entendement humain ».

Partant de cette distinction, Ahmed Midhat
Effendi présente une défense de la religion
musulmane qu'il considère naturellement
comme supérieure à toutes les autres, et il
me fait le reproche d'avoir tourné court sur
la question philosophique pour ne parler,
dit-il dédaigneusement, que de la question
« politique ».

Je l'avoue, c'est le point de vue historique et
politique qui m'attirait. Je rappellerai ici,
d'un mot, comment j'ai été amené à diriger
mes études vers le débat engagé, depuis

---

(1) Par cette formule, j'avais essayé d'exprimer l'absence d'intermédiaire qui, dans la religion musulmane, existe entre l'homme et Dieu, tandis que, dans les religions chrétiennes, Jésus-Christ est un intermédiaire, « un Sauveur ».

des siècles, entre le christianisme et l'Islam.

Dans mes recherches sur le cardinal de Richelieu, je suis arrivé au moment où il va prendre un parti entre les divers systèmes qui, si je puis dire, se pressent autour de lui et sollicitent son attention. En 1622-1623, au moment où il touche au pouvoir, la question protestante est posée. J'aurai à dire bientôt comment il la résolut. Ce que l'on sait moins, c'est que Richelieu eut aussi à se prononcer sur la question du mahométisme ou, pour employer le langage que l'on parlait à son époque, sur la question de la « Croisade ».

Il y avait alors, en France, une quantité de gens qui se déclaraient nettement pour la reprise des grandes guerres religieuses du moyen âge. Des amis intimes de Richelieu, des hommes qui avaient aidé ses premiers pas et qui l'appuyaient de leurs conseils et de leur autorité, le duc de Nevers par exemple, s'étaient engagés à fond dans ce sens. La Croisade même était déjà commencée. Auprès de lui, son ami intime, son conseiller, son collaborateur, le P. Joseph, s'était donné corps et âme aux mêmes idées. On peut dire que le parti de la reine Marie de Médicis qui avait poussé Richelieu au pouvoir, parti qu'on appelait « les catholiques », était un parti de croisés.

Or, Richelieu rompit avec ses amis et refusa de devenir leur instrument; même, il entraîna le P. Joseph. Se détournant de l'Islam, il décida, comme on sait, la lutte contre la maison d'Autriche. En vérité, ce cardinal était le moins fanatique des hommes. Pour agir comme il le fit, il eut ses raisons; il réfléchit longuement, il se renseigna; il compara. Et ce sont ces raisons — les raisons profondes qui déterminèrent un pareil esprit — que je désirais connaître, pour les faire connaître à mon tour.

Mon enquête s'est poursuivie ainsi jusqu'en Espagne, en Afrique, et jusqu'au lieu où s'était faite, jadis, la grande séparation entre les deux mondes, oriental et occidental, c'est-à-dire à Tunis. Tel est le motif qui, parmi tant d'autres, a conduit là mes pas, avec mes études et mes réflexions. J'ai vu les ruines de Carthage, la Carthage d'Annibal et de saint Augustin, la Carthage de saint Louis et de Charles-Quint. J'ai eu, sur les lieux, l'intuition que la terre qui avait été celle de la lutte pouvait devenir celle de l'apaisement et de la conciliation.

Quant aux raisons qui déterminèrent Richelieu à renoncer à la politique des Croisades, j'essayerai de les dire un jour. Mais, par l'étude du passé comme par la vue du présent, j'ai été amené à chercher des éléments d'entente et d'harmonie là où l'on avait indiqué surtout des motifs de désaccord et de haine. J'ai remonté aux origines ; j'ai signalé la paix renaissante sous l'égide du protectorat. J'ai mentionné le fait capital de la vie commune s'aménageant et du contact rétabli, après tant de siècles, par le respect des croyances, entre deux mondes qui paraissaient irrémédiablement séparés.

En constatant ces faits, j'aurais voulu ménager toutes les susceptibilités, m'en tenir au langage de la tolérance et au cadre de la vie pratique. Entreprise difficile, puisque je n'ai pas été compris de tous. C'est pourquoi j'insiste aujourd'hui. Quoi qu'il en soit, il ne m'est pas indifférent d'avoir motivé, en terre musulmane, un mouvement d'opinion qui, s'il suit la pente naturelle des choses commencées de bonne foi, aurait plutôt pour effet de rapprocher et de réunir que de séparer et de diviser.

[L'espoir que j'exprimais par les lignes qui précèdent n'a pas manqué de se réaliser. Le même journal *Al-Moayad* a repris la question dans des termes tout nouveaux. Malheureusement, il ne m'est pas possible de reproduire le long exposé des doctrines musulmanes qui a été présenté par un savant écrivain anonyme, en réponse à mes propres observations. Voici, toutefois, des extraits de la conclusion :

« L'Islam a paru, et depuis l'origine il ne s'est montré ni absolu au point de vue spirituel, ni impitoyable au point de vue corporel ; il s'est tenu dans une moyenne humaine, tenant un compte exact de ces deux éléments et pouvant ainsi, mieux que toute autre religion, s'unir étroitement à la nature de l'homme.

« Aussi l'appelle-t-on la religion de la nature.

« C'est avec ces principes que la religion est arrivée jusqu'à nous. Elle a remis les égarés dans la bonne voie ; elle a enlevé aux cruels leur cruauté, assoupli les caractères durs, instruit les ignorants, réveillé l'ardeur des nonchalants, invité au travail les paresseux, donné le goût de l'activité à ceux qui attendent que les alouettes leur tombent toutes rôties dans la bouche, purifié les corrompus, rendu à la vertu sa splendeur, réconcilié les ennemis, réparé ce qui a été détruit, amélioré ce qui était imparfait, dissipé l'injustice, restauré la justice, renouvelé la jurisprudence et donné aux peuples qui l'ont embrassée des dispositions qui les distinguent des autres.

« Ainsi donc la religion, pour les musulmans, constitue leur perfection ; elle a fait fleurir les vertus familiales et donné aux royaumes une organisation régulière. L'on peut constater partout les bons effets qu'a produits l'Islam.

« La science non plus n'a pas été oubliée, la religion a guidé sa marche.

« Si l'on a pu dire que l'Islam n'a enseigné à ses adeptes ni le commerce, ni les arts, ni la politique, ni l'économie domestique, il n'en est pas moins vrai qu'il leur a imposé l'obligation de travailler à l'épanouissement de leur vie domestique et sociale, qu'il les invite à choisir les meilleurs moyens pour réussir, et qu'il les a autorisés à acquérir des propriétés et de les gérer dans de bonnes conditions.

« Tel a été l'Islam : une sorte d'éperon qui a stimulé l'ardeur des musulmans et les a poussés aux grandes entreprises, leur servant de flambeau pour éclairer leurs actes et leurs esprits. Ce fut aussi un souffle de charité qui les entraîna vers les peuples dignes d'affection et d'égards.

. . . .

« Je ne parlerai point des causes qui ont réduit l'Islam à l'état où il est, mais je puis déclarer, sans crainte d'être contredit, qu'il s'est glissé dans l'Islam des choses étrangères et que les dogmes se sont ressentis de ce contact impur, capable de le saper par la base. Des hérésies dans le dogme et dans les actes des fidèles ont remplacé les vraies prescriptions et la vraie jurisprudence, d'où il est résulté de néfastes effets.

« On a introduit dans les dogmes des rites nouveaux, des règles de conduite fausses ; des opinions contradictoires se sont glissées dans les lois ; on a imité servilement, et les aspirations ont varié comme le but à atteindre a varié aussi.

« Chacun s'est laissé entraîner suivant ses penchants et a tout ramené à soi, selon son bon plaisir, sans s'inquiéter si c'est à tort ou à raison. On veut seulement l'emporter sur son ennemi, qu'on appelle coreligionnaire et frère seulement en parole, par vantardise.

« Ajoutez à cela ce vice désolant qui attaque la foi des musulmans, et qui consiste dans le découragement qui les porte à désespérer d'eux-mêmes et de leur religion.

Pour eux, plus de remède au mal qui ronge le peuple ; ses souffrances ne finiront plus et chaque jour le mal s'aggrave encore davantage.

« C'est là un vice qui est profondément enraciné dans leur cœur pour avoir abandonné les principes établis par le Coran ou la tradition reconnue authentique et pour s'être attachés à de faux principes ou pour avoir mal compris les premiers. Mal grave qui sévit avec plus de force que tout autre sur les esprits. Pour faire ressortir sa laideur et sa gravité, il suffira de citer ce verset du Coran : « Il n'y a que les infidèles qui puissent désespérer de l'esprit de Dieu. »

« De toutes ces funestes innovations et d'autres encore dont il serait trop long de parler, il est résulté de la faiblesse dans les efforts, dans les résolutions et une corruption générale dans les actes qui a commencé en haut et a gagné tout le peuple, en passant par toutes les classes de la société et en parcourant tous les cercles, notamment les cercles politiques... »

Abordant la question du panislamisme, l'auteur s'exprime en ces termes :

« ... Nul partisan d'une renaissance islamique n'a jamais imaginé, soit en Égypte, soit ailleurs, de fomenter un soulèvement contre les Européens ou contre les nations voisines des pays musulmans. Néanmoins, quelques chrétiens, en entendant parler de religion musulmane, au lieu de chercher à comprendre, se créent des chimères dangereuses qu'ils affublent du nom d'Islam. D'autres s'imaginent que, si les musulmans prennent en mains leurs affaires et retournent aux saints principes de leur religion, ils peuvent trouver un appui dans leur union et se passer des aides étrangères.

« Mais faire de la propagande et travailler au panislamisme, étant donné l'état actuel de l'Islam, n'a jamais pu hanter les musulmans d'esprit bien équilibré. Et, si l'un d'entre nous croit à cette utopie, il n'y a qu'à l'enfermer dans un asile d'aliénés.

« Certains écrivains musulmans parlent beaucoup du but réel poursuivi dans l'accomplissement du pèlerinage, qu'ils considèrent comme un lien qui doit unir tous les musulmans de l'univers et dont on doit tirer tout le parti possible.

« C'est juste; mais il ne faut pas comprendre plus qu'on ne dit. Le pèlerinage doit rappeler au musulman le lien religieux qui les unit, afin qu'ils se prêtent assistance réciproquement, qu'ils corrigent les adultérations qui peuvent s'introduire dans les dogmes, qu'ils se viennent en aide efficacement en cas de famine, d'injustice ou de calamités. N'est-ce pas là le but poursuivi par toutes les religions, surtout chez les Européens?

« Il me reste maintenant à parler de la réunion du pouvoir temporel et spirituel sur une seule tête.

« M. Hanotaux déclare que l'Europe n'a fait de progrès qu'après avoir séparé ces deux pouvoirs. C'est vrai. Mais ignore-t-il ce que signifie cette réunion des deux pouvoirs chez les musulmans ?

« Ceux-ci n'ont jamais assimilé, dans aucune période de leur histoire, ce pouvoir spirituel à celui que possédait le pape sur les chrétiens. Le pape déposait les rois, excommuniait les princes, prélevait des dîmes et élaborait des lois divines.

« La loi musulmane a conféré des droits au gouverneur suprême, qui est le calife ou sultan, dont est dépourvu le cadi qui détient le pouvoir spirituel. Le sultan dirige la politique intérieure et extérieure. Sur le clergé musulman confiné dans ses fonctions, le sultan n'a aucune action.

« La France se nomme la protectrice des catholiques en Orient, la reine d'Angleterre prend le nom de souveraine des protestants, et le tsar est en même temps roi et chef de l'Église orthodoxe.

« Pourquoi alors ne veut-on pas admettre que le sultan prenne le titre de calife ou prince des musulmans (émir El Moemenin)?

« Je ne crois pas que M. Hanotaux ait de sérieux motifs de craindre nos appels religieux, ainsi que je l'ai démontré. Je puis l'assurer que les intérêts des indigènes musulmans pourront facilement faire bon ménage avec les intérêts français. Car, lorsque les musulmans auront de vrais sentiments religieux, ils devanceront même les Européens dans l'acquisition des sciences et courront vite à la civilisation.

« Il sera on ne peut plus facile ensuite d'établir entre tous la bonne harmonie, s'il plaît à Dieu. »

EN SICILE

EN SICILE

I

Ségeste. — Les anciens peuples.

Quand on leva l'ancre, le jour finissait; la chaleur était suffocante. Tandis que le bateau suivait le long chenal qui traverse le golfe de Tunis pour gagner la haute mer et que nous longions le rivage fameux où vécut Carthage, un nuage noir et immobile couronnait les cimes du Boukornine. La « montagne aux deux cornes », consacrée au dieu carthaginois, le cruel Moloch, Baal-Ammon, fumait sous la nuée et la pluie, comme un autel immense, et les éclairs, dardés du ciel, la frappaient, comme si la divinité eût voulu manifester sa présence, et sa joie du sacrifice qui s'accomplissait.

Cependant, la mer restait calme et plane. La nuit s'étendait sur elle. L'orage, qui montait lentement du côté du sud, donnait, par contraste, un éclat étrange au pan de ciel lumineux et vert qui continuait à resplendir vers le nord. A l'occident, le soleil se précipitait, de gradins en gradins, sur un escalier de nuages, et il étalait le long de l'horizon la traînée lumineuse de sa chute ensanglantée.

Nous doublâmes le cap Carthage. De la mer, il apparaissait haut et sombre. Le phare s'alluma, sur son front, comme un œil de cyclope. La forme ronde du promontoire s'épaississait et s'assombrissait au fur et à mesure que nous nous éloignions. Suspendue sur les eaux, elle nous accompagna, de sa présence obstinée, dans la soirée lente à mourir. Enfin, les nuages avec la nuit couvrirent le ciel tout entier. Le vent se leva. La mer s'émut, puis s'agita, puis mugit. Les gouttes de pluie tombèrent larges d'abord, puis pressées et précipitées, comme si l'Afrique inhospitalière nous criblait de ses flèches, au moment où nous la quittions.

Le lendemain matin, nous étions en vue des côtes de la Sicile. La pluie n'avait pas cessé : et c'était, justement, cette pluie « azurée » qui, sur cette même mer, avait accompagné le pieux Énée.

... cæruleus supra caput adstitit imber,
Noctem hiememque ferens, et inhorruit unda tenebris.

On fit escale à Trapani. Du pont, on voyait, sur le quai, la statue que la reconnaissance sicilienne éleva à Garibaldi, en souvenir de l'expédition des Mille. Mais un autre spectacle sollicitait les regards. Debout sur l'horizon, tournant le dos au soleil levant et paraissant un mur énorme dans la pâle lumière du matin, surgissait le mont Éryx, la montagne sainte, où, pendant des siècles, on adora la fameuse Vénus érycienne, la Vénus aux colombes. La ville toute blanche — blanche comme un vol de colombes — était éparse à ses pieds.

C'est donc là que la déesse vit venir vers elle son fils, le Troyen Énée; c'est donc là que le père des Romains s'est arrêté au pied de la montagne sacrée. Anchise est mort là. Là, furent célébrés les jeux funéraires. Voici l'îlot qui servit de but aux rameurs; c'est dans cette anse que les femmes troyennes révoltées mirent le feu aux navires, et c'est sur ce rivage qu'Énée vit s'approcher, descendant des montagnes, le sauvage Égeste, « vêtu de ses javelots et de la peau d'une ourse de Libye ».

Donc les grands problèmes se posent dès que nous approchons de cette terre. Que font là ces Troyens ? Ils apparaissent les premiers, au début de l'histoire. Ils viennent d'Asie. Ils ont donc la même origine que cette Carthage si proche. De part et d'autre, les dieux sont les mêmes. Cette Vénus, elle est asiatique. A l'origine, elle s'appelait Astoreth. N'est-elle pas la sœur de la Vénus africaine, Tanit, dont le promontoire nous poursuivit, hier, si longtemps sur la mer? Toutes deux, elles aiment les colombes. Pendant les guerres séculaires, Carthage ménagea la déesse du mont Éryx; et, par contre, Rome aussi vénéra le temple. Il traversa ainsi toute l'antiquité parmi les respects alternés des divers conquérants. Il subsiste encore dans les restes du vieux château. Le culte lui-même n'a pas disparu : les colombes sont toujours sacrées. Il a fallu baptiser la montagne du nom de Saint-Georges, pour donner, du moins, une apparence chrétienne aux tenaces superstitions. Ainsi, les deux histoires rivales, Carthage et Rome, l'Asie et l'Europe, se rencontrent en ce point comme deux fleuves qui, non loin de leur source, confondraient leurs eaux.

Quand, au pied de la montagne évocatrice, j'eus senti le frisson de ce lointain passé, quand j'eus compris qu'il s'agissait, maintenant, d'approcher, d'aussi près qu'il était possible, de la naissance des choses sur cette terre illustre, nœud et nombril de la Méditerranée, je n'eus plus de cesse avant d'avoir pris le chemin de la ville d'Égeste et d'avoir vu de mes yeux les monuments antiques, encore debout, qui furent les témoins de ces mystérieuses origines.

Nous quittons Trapani. Désormais, nous ne perdons plus la côte de vue. Nous contournons la triple pointe qui signale le cap Ouest de la Trinacrie. Nous suivons du regard la dentelure merveilleuse des « hauts rivages » qui se courbent et s'amollissent en délicieuses petites baies. Voici les « Iles des Femmes »; voici l'ancienne Hycara, d'où les Athéniens emmenèrent, en 415 avant Jésus-Christ, une exquise enfant de douze ans qui devint la fameuse Laïs : tant la terre de Vénus respire la volupté ! Quand on approche de la côte, le parfum des orangers vient jusqu'à nous ; l'île embaume comme un encensoir. Nous entrons enfin dans le port de Palerme, sous un ciel d'orage finissant, qui verse des alternatives sublimes d'ombre et de lumière sur le chaos de montagnes qui, de partout, autour de la ville, occupe l'horizon.

Le lendemain matin, je partais pour Ségeste. Le chemin de fer nous laissa à la gare de

Calatafimi, c'est-à-dire en pleins champs, car la ville est à quelques lieues dans la montagne; c'est ainsi que l'on voyage en Sicile. Sortis de la gare, le désert. Les collines grimpent les unes au-dessus des autres, de plus en plus âpres et rocheuses ; un maigre blé court dans la vallée; pas un arbre, pas un village : une route orniéreuse, sinueuse et triste. Un mauvais tape-cul, plus dur que les chemins, nous porte cahin-caha de vallée en vallée, de colline en colline, de détour en détour. Parfois, un des postes de carabiniers échelonnés sur la route détache deux hommes qui nous accompagnent, le fusil sur l'épaule. La contrée n'est pas sûre. La matinée s'allonge, somnolente. Sur une hauteur, encore un monument à Garibaldi. Puis, voici la ville, ou plutôt le grand village, un village de trente mille âmes, Calatafimi.

Nous mettons pied à terre. On attelle les chevaux à un autre char à bancs, plus antique encore. C'est dimanche ; les habitants de la ville s'approchent, en foule, pour voir les étrangers. Ils ont des figures dures, des yeux singuliers et luisants sous la capuce noire qui les enveloppe et qui leur donne, à tous, un aspect monastique. Les enfants pullulent :

par paquets de vingt ou trente, ils se précipitent vers nous, tendant la main. Dans la vieille ville, horriblement délabrée, et qui garde à peine quelques traces de son ancienne splendeur, — d'une splendeur qui remonte au temps des Arabes, — l'effroyable misère sicilienne s'étale comme une lèpre. L'heure de la messe sonne lugubrement. Les fantômes noirs se multiplient et grouillent sur la place. Un marchand étale ses « nouveautés ». J'achète un mouchoir de cotonnade. Il porte, au milieu, le nom d'Allah, en caractères arabes !

En route. Nous descendons la pente rapide et raboteuse. Calatafimi, que nous quittons, se dessine fièrement sur son rocher abrupt. Devant nous, l'autre versant de la plaine est tout mamelonné, bientôt montueux. Les collines s'étagent, gagnant, vers l'horizon, une ceinture de montagnes bleues. Au fond, la vallée est douce et amène ; elle répand l'odeur délicieuse de l'oranger et de l'acacia. Les premiers coteaux sont vêtus d'un manteau de verdure ; mais, au fur et à mesure qu'ils s'élèvent, ils se dénudent et laissent apparaître la carcasse striée de la terre volcanique. L'ensemble du paysage est grandiose ; ses lignes sont belles ; souvent il s'arrange en dispositions classiques. L'alignement noir des cyprès tranche sur la verdure claire des orangers et sur la verdure grise des oliviers. Au haut d'un rocher, trois pins parasols se dessinent sur le ciel.

Soudain, devant nous, à un détour de la route, la ligne des montagnes s'ouvre ; une large échancrure découvre, sur un plan encore lointain, une table parfaitement horizontale, et sur cette table on voit posée et comme suspendue, blanche sur le fond bleu des montagnes, une forme exquise et délicieusement proportionnée : c'est le *temple*. Même, de si loin et dans ce vaste cadre naturel, l'œuvre humaine, si petite pourtant, paraît grande. D'ailleurs, l'attention est, dès lors, saisie, captivée. Le désir, la soif d'approcher vous prend et on s'impatiente de la lenteur des haridelles et du conducteur qui vous mènent si indifféremment et nonchalamment vers la Beauté.

J'ai passé à gué la rivière ; j'ai gravi la colline auguste. Le temple est là, devant moi, si parfait et si simple ! Trente-deux colonnes trapues qui sortent de terre comme des troncs d'arbres forment son quadrilatère ajouré.

Qu'elles sont belles ! Chacune d'elles est un dieu. Le toit n'existant plus, la lumière du ciel inonde le sanctuaire. Mais les architraves, les frises et les deux frontons sont intacts. La forme entière du temple est complète. Le calcaire rocheux dont il est fait a résisté à l'injure des siècles. Ce n'est pas une ruine : c'est une vivante apparition.

Il est situé à l'extrémité d'une plate-forme. En arrière, à ses pieds, le sol s'ouvre et livre passage à une rivière profonde et bruyante qui l'environne et qui l'isole. De la base du temple au lit de cette rivière, la chute est de cinquante mètres peut-être. Donc, de ce côté, le monument fait acropole. Mais ce qui ajoute à sa beauté un caractère de grandeur indéfinissable, c'est que, de l'autre côté de la rivière, se dresse à pic un mur de basalte gris, une montagne tendue, pareille à un rideau, qui abrite, cache et protège le temple, comme un rempart vertigineux.

Tournons les regards vers la vallée. Rien ne peut rendre la beauté des lignes qui, de partout, s'arrangent et se plient comme si elles avaient le sentiment du spectacle magnifique qu'elles composent. Le profil de la montagne qui protégeait la ville — le mont

Inice, qui a mille mètres de haut — est incomparable : un artiste divin l'a dessiné. Toutes les pentes se courbent et se rejoignent au point précis où on les attend, et, à chacune de ces heureuses rencontres, quelque ruine indique la place d'un monument antique. La ville, complètement détruite, occupait la vallée ; elle grimpait, en face du temple, sur le flanc d'une colline plus haute, le mont Barbaro, où subsiste un vaste théâtre aux gradins de pierre. De là, on dominait tout le pays, la vallée immense et harmonieuse, la ceinture de collines, et, par une ouverture de la montagne, à plusieurs lieues, au loin, on apercevait la mer.

Asseyons-nous sur les marches du Temple. Cinq cents ans avant Jésus-Christ, un peuple, aujourd'hui inconnu, éleva ces monuments. La ville s'appelait, au début, Égeste, c'est-à-dire *Pauvreté*. Que fait-elle là, loin de la mer ? Toutes les grandes villes de la Sicile sont sur le rivage. Seule, celle-ci est bâtie à l'intérieur des terres. C'est clair, elle se cache.

Qui donc a choisi, avec tant de soin, cette retraite profonde ? Quels étaient ces hommes anciens dont nous essayons de déchiffrer le langage de pierre ? On sait seulement qu'ils s'appelaient les *Elymes*. Pour les autres Siciliens, ils étaient des étrangers, des barbares, des « ennemis ». On disait qu'ils venaient d'Asie ; ils n'avaient, dans l'île, d'autres parents que leurs voisins du mont Éryx.

Toujours en querelles, rapaces, grossiers, menteurs, ils s'enrichissaient des dépouilles des autres ; leurs montagnes n'étaient que des repaires de brigands. Sans patrie, quand ils se sentaient les plus faibles, ils faisaient venir les étrangers. C'est eux qui allèrent chercher les Athéniens et qui déchaînèrent ainsi la crise redoutable où Syracuse faillit périr : c'est eux qui appelèrent les Carthaginois dont ils étaient les parents. C'est par eux, enfin, que les Romains, leurs frères et leurs semblables, — bandits comme eux, rapaces comme eux, — prirent pied dans l'île et purent entreprendre la conquête définitive.

Ah ! nous commençons à les connaître ces redoutables Asiates, adorateurs de la Vénus érycienne ! Cantonnés dans la partie de l'île qui regarde l'Afrique, ils ont leur dieu et leur temple ; parasites piqués entre cuir et chair, ils vivent de la substance du corps et provoquent les maux du dehors ; ils sont la trahison, ils sont la haine, ils sont l'invasion. On les craint, on ménage leur déesse inquiétante ; mais, eux, on les a en horreur ; car ils sont les premiers représentants de la race hostile, les fourriers des grands combats.

Les vieux Siciliens étaient des Européens ; venus d'Espagne ou venus d'Italie ; ces anciens peuples occupaient surtout l'est, le centre de l'île. On les retrouve encore à Enna, et même aujourd'hui ils se couvrent la figure d'un voile noir, comme les Touareg du désert.

Or, voilà qu'à l'autre extrémité de l'île s'installent ces étrangers. Ils dressent un hôtel à leur déesse voluptueuse. Ils adorent Vénus, tandis que les Siciliens adoraient Cérès. Ils sont gens de vol et de rapine, tandis que les Siciliens étaient des agriculteurs. Ils pleuraient quand leur Vénus, sur son char attelé de colombes, s'enfuyait vers Paphos, tandis que les Siciliens pleuraient quand la mère vénérable, perdant, à l'hiver, sa fille Proserpine, allait la chercher jusque dans les enfers. Ils ont les yeux tournés vers l'Afrique, tandis que les Siciliens regardaient vers la Grèce. Quand les Grecs viendront, ils seront accueillis en frères ; ils se confondront avec les vieilles races locales, si bien qu'on ne pourra plus les distinguer. Mais, quand il faudra détruire la grandeur hellénique, ce sont les Ségestains qui iront chercher Carthage d'abord, et ensuite Rome.

Ils sont donc les ennemis, les ennemis perpétuels, et ils le savent. Ils n'ignorent pas que, haïs de tous, ils sont en péril constant. Et c'est pourquoi ils ont pris le soin de cacher leur retraite si loin dans la montagne. Craignant l'attaque à l'improviste et les surprises, ils ont choisi ce lieu unique et élevé, d'où l'on voit sans être vu. Du haut du mont Barbaro, ils découvraient la mer; du haut du mont Bonefatto, par un feu allumé, ils pouvaient être avertis de ce qui se passait à Palerme. Pour arriver à eux, il fallait longer la citadelle naturelle que formait leur séjour, entre les deux rivières, le Pispisa et le Gaggera. Le chemin contournait la colline, avant de conduire à la porte unique, et, deux fois, il fallait en faire le tour avant d'atteindre le Temple et l'Acropole.

Quand, murés et claquemurés, ils se sentirent bien chez eux, à l'abri de la haine universelle, ces hommes anciens goûtèrent la joie de vivre dans ces lieux magnifiques qu'ils avaient usurpés et où ils se tenaient en embuscade pour répandre sans cesse la terreur et, finalement, la ruine autour d'eux. Au retour de quelque expédition contre leurs ennemis de Sélinonte ou de Syracuse, leurs bandes rentraient joyeuses dans la place inexpugnable ; les processions se déroulaient sur la colline ; elles montaient vers ces temples où tout était volé aux Grecs, — même leur art, — et ils remerciaient les dieux : non pas la Cérès sicilienne, ni la Minerve et l'Apollon hellènes, mais les divinités étrangères, la Diane monstrueuse aux mamelles innombrables, venue d'Éphèse, et la Vénus érycienne, la Vénus aux Colombes, sœur de la carthaginoise Tanit, maîtresse d'Anchise et aïeule impudique des Romains !

II

Palerme.

Palerme est le musée de la Méditerranée. Si vous voulez savoir ce qui s'est passé sur ces flots bleus, abordez à Palerme, contemplez d'abord, de la mer, l'admirable amphithéâtre qui se développe du monte Pellegrino au monte Griffone; dites-vous que ce port a vu se succéder, en conquérants et en maîtres, les Phéniciens et les Grecs, les Carthaginois et les Romains, les Byzantins et les Arabes, les Normands et les Allemands, les Français et les Espagnols; traversez la ville en remarquant partout, dès le premier coup d'œil, les vestiges de ces dominations successives; prenez la longue voie qui, sortant de la ville, court le long de la Conque d'Or; allez jusqu'à Montreale, montez sur le balcon qui domine la vallée, et, là, penchez-vous sur l'océan de verdure qui s'étend à vos pieds; suivez des yeux le chemin que vous venez de parcourir, contemplez la ville et le port baignés dans la lumière du jour finissant ; de partout, vous sentirez l'histoire monter vers vous, tandis que la rumeur de la ville s'apaise, que le parfum des orangers emplit la conque sans pareille, et que le soleil laisse traîner sur la mer la gloire d'or de sa lente agonie.

Voilà toute la Sicile : chef-d'œuvre de la nature, centre d'un monde, proie désignée pour tous les conquérants, champ clos des combats épiques, rendez-vous de toutes les civilisations, terre illustre, si touchante et si noble encore dans son magnifique déclin.

L'histoire de la Sicile est une continuelle antithèse et une perpétuelle catastrophe. Les apogées et les chutes se succèdent dans ses annales, comme les montagnes stériles et les vallées exubérantes sur son sol tourmenté. Trop petite pour soutenir un empire, trop grande pour se résigner aux servitudes, elle traîne sa vie dans ces alternatives, ne sachant si elle doit se louer ou se plaindre de sa beauté qui l'a rendue si désirable ou de sa gloire qui l'a faite si misérable.

Palerme raconte tout cela. C'est une ville délicieuse, une ville douce, une ville parfumée : mais c'est aussi une ville inquiète, une ville froide, une ville délabrée. La parure de ses quais, de ses avenues, de ses jardins, de ses monuments est magnifique. Mais, derrière cette façade, se cachent des quartiers aux longues ruelles noires, traîtresses et sinueuses, où le haillon règne, où le linge déguenillé pend aux fenêtres, et qui sont mauvaises à parcourir la nuit. On dirait que les âmes de toutes les populations hagardes qui se sont entre-tuées séculairement dans ces coupe-gorge y reviennent encore et qu'elles s'y heurtent dans le grincement des jalousies espagnoles et sous le glas lugubre des cloches sans nombre, — les cloches les plus tristes que j'aie jamais entendues, — les cloches qui ont sonné l'heure des Vêpres siciliennes !

La ville est, dans tous les sens du mot, *baroque;* et, en effet, à première vue, c'est la détestable architecture espagnole du dix-septième et du dix-huitième siècles qui la recouvre de sa parure prétentieuse et croulante. Qu'on se mette aux *Quattro-Canti,* au carrefour des deux grandes rues, le cours Victor-Emmanuel et la rue Macqueda, et on aura, dans les monuments qui coupent les quatre coins, le chef-d'œuvre du genre : un mélange confus de portiques, de frontons, de colonnes, de rinceaux, d'archivoltes, tout cela jeté pêle-mêle, avec quantité de niches peuplées indifféremment par les statues des saints, des dieux, des saisons, des héros et des rois. Et il y en a des Ferdinand, et il y en a des François, et il y en a des Philippe, et il y en a des inscriptions, et il y en a de l'emphase, et il y en a du marbre, et il y en a du plaqué et du stuc !

Qu'on fasse quelques pas, et sur la place du Municipe, le spectacle est si parfaitement grotesque qu'il en devient, à force de burlesque naïveté, presque attendrissant. Autour d'une fontaine peu abondante, des figures de satyres, de tritons, de naïades et de nymphes, aux torses à moitié engagés dans la pierre, se contournent en gestes tout au moins bizarres, roulent des yeux torves, étalent des formes peu ragoûtantes, se provoquent, les unes les autres, en horribles grimaces, et sont figées ainsi, en public, dans la nudité déplaisante d'un grossier réalisme qui déshonore le plus noble et le plus susceptible de tous les arts, la sculpture.

Dans tous les détails de la vie, le contraste se poursuit. Ayant à changer des billets, je cherche la maison de banque qui m'a été recommandée, parmi les rues étroites de la vieille cité. La voici. Aspect imposant : c'est un ancien palais; porte majestueuse, dont la hauteur est faite pour les carrosses énormes et les laquais empanachés de quelque vice-roi; cour magnifique demi-circulaire, colonnades de marbre, escalier vaste accompagné par une rampe épaisse de fer et de cuivre qui développe sur les lambris blancs son luxe ouvragé : trois cavaliers monteraient, de front, les marches au lent développement. Au bel étage, la maison de banque renommée; et, là, dans un coin, derrière un grillage, deux employés dont le profil aigu, le regard inquisiteur et la minutieuse attention au trébuchement des pièces sur le marbre évoquent brusquement, en moi, le souvenir des changeurs levantins de Constantinople.

Je me perds dans les rues étroites aux croisements infinis, aux hautes maisons noires cachant le ciel, et tout m'amuse : le dallage de granit me rappelle Timgad ou Pompéi; mais voici une troupe de petits curés ou plutôt de séminaristes enfants, en soutanes violettes et rouges, cardinaux et évêques imberbes, qui me font penser à Tolède. Toutes les horloges sonnent midi, les unes précipitant les coups comme si elles avaient hâte de se taire, mais la plupart lentes et tristes, comme si elles voulaient imposer à cette heure joyeuse leur tyrannique *memento*.

Les rues se remplissent, et c'est une animation extraordinaire où, parmi les élégances un peu soulignées du monde des affaires, je distingue bientôt le type frappant des femmes palermitaines, yeux noirs splendides, teints mats, nez superbes — promontoires dignes de l'antique Trinacrie — et qu'un mouvement un peu marqué relève du bout.

Voici un marchand d'amphores, toute sa poterie sur les bras; nous sommes donc encore à Pompéi. Mais voici les beaux et lents carrosses superbement attelés, minutieusement astiqués, qui cachent au fond de leur caisse un peu démodée le profil jaune de quelque vieille patricienne : évidemment, la dignité de la famille est en raison de la petitesse du groom et de la hauteur du chapeau galonné sous lequel il disparaît. Devant le municipe, une noce bourgeoise s'arrête. Les carrosses sont encore reluisants, bien attelés, hautement suspendus sur leurs ressorts vénérables; mais, dans les voitures, les bonnes dames du faubourg ou de la campagne se montrent, le mouchoir sur la tête, les épaules couvertes de châles et d'étoffes dont l'éclat tapageur rappelle encore l'Orient.

Et voici, enfin, ces fameuses charrettes siciliennes : la mule pomponnée, empanachée de rouge, harnachée de cuir brodé et galonné, portant haut le double plumet sur la tête et sur la selle, faisant sonner sa sonnaille allègrement; la voiture elle-même, si modeste soit-elle, est découpée, ornée, sculptée, ciselée, avec un grand étalage de saints ou de madones, de génies ou de fées, et, sur les panneaux, devant, derrière et de chaque côté, des peintures vives et éclatantes représentent des scènes empruntées le plus souvent à la vie des Paladins de France : *Paladini di Francia.*

Oui, c'est notre histoire, toute notre histoire qui se promène ainsi, en fresques naïves, par les rues et par les routes de la Sicile. Un art traditionnel — images d'Épinal ambulantes — entretient ici ces souvenirs. J'ai vu Roland et Olivier, Charlemagne et Turpin, saint Louis et Jeanne d'Arc, et j'ai vu Solférino, et j'ai vu Sedan. Dans une librairie de faubourg, parmi les très rares livres qui ne sont pas des traductions et des adaptations de nos romanciers populaires, j'ai acheté la brochure des *Paladins de France*, imprimée d'hier et qui est toujours d'une lecture actuelle pour la curiosité sicilienne. C'est un résumé de toutes nos chansons de gestes, *Chanson de Roland*, *Fierabras*, *Amadis de Gaule*, et j'ai compris alors quelle étonnante traînée d'influence et de prestige la grandeur française du moyen âge avait laissée dans ces contrées qui ont vu passer les croisades, et j'ai compris aussi pourquoi l'Arioste et le Tasse, s'adressant à un peuple ainsi renseigné, ont pris pour sujets de leurs poèmes : *Roland furieux* et la *Jérusalem délivrée*.

Ainsi partout, dans les monuments comme dans les rues, dans les figures comme dans les mœurs, cette présence, cette insistance du passé qui encombre et écrase, en quelque sorte, une vie pourtant très active et très moderne. La rencontre des civilisations s'étant faite ici, elles se prolongent, et survivent au milieu de cette capitale, si souvent conquise et si rarement pacifiée.

Elles perpétuent leurs luttes dans les vendettas qui s'éternisent, dans les méfiances réciproques, dans l'excitation des partis politiques, dans la force des corporations et des clientèles, et enfin dans cette étrange *Mafia*, qui n'est peut-être que le gouvernement occulte des races vaincues subsistant près du gouvernement public de la race momentanément victorieuse. Au fond, la Sicile, toujours prise, ne se donne jamais. Ce sol volcanique est toujours miné, ces populations mélangées sont toujours rebelles; il demeure dans le sol une éruption, dans l'air un orage, dans le monument une ruine qui menacent toujours.

Pourtant, il y eut une époque où ces divergences s'atténuèrent, où le duel s'arrêta, où la paix régna. La prudence et la sociabilité françaises accomplirent ce miracle. On s'était battu pendant des siècles. Après la chute de l'empire romain, les Vandales avaient occupé l'île; puis Byzance l'avait reprise, et longtemps encore sa civilisation compliquée y avait survécu. Puis les Arabes étaient survenus et s'étaient installés à leur tour; ils avaient fait de la Sicile une autre Andalousie, de Palerme une capitale qui comptait, dit-on, 500 mosquées et 300.000 habitants, de sa banlieue un jardin, et ils avaient semé autour de la ville ces châteaux magnifiques qu'un des leurs comparait « à un collier de perles sur la gorge d'une belle femme ». Cependant, la bataille continuait. La chrétienté et l'Islam étaient aux prises. La Méditerranée était sillonnée par les flottes adverses se pourchassant dans les anses de tous les rivages.

Or, il arriva que quelques aventuriers normands, frères de ceux qui, dans le même temps, prenaient l'Angleterre, passèrent par là. C'étaient de vaillants garçons, ayant, dans les veines, le sang des vieux pirates, coureurs de mer et coureurs d'aventures. Les chrétiens, qui défendaient Salerne contre les musulmans, les appelèrent à l'aide. Ils s'arrêtèrent, se battirent; on les remercia; on les récompensa largement; ils revinrent; ils s'installèrent. Les plus célèbres de ces gaillards, tous deux fils de Tancrède de Hauteville, Robert l'Avisé et Roger, fondèrent une principauté d'abord, puis un royaume, et, peu après, eux et leurs successeurs devinrent les maîtres de la Sicile, de l'Italie méridionale, et même étendirent leurs conquêtes jusqu'en Afrique.

Mais le miracle, c'est que ces gens aussi sages que vaillants, et quoique croisés, n'ayant pas l'ombre de fanatisme, au lieu de tout détruire autour d'eux, comme l'avaient fait la plupart des conquérants antérieurs, ne songèrent qu'à conserver, à améliorer, à embellir.

Sous leur égide, les trois civilisations rivales, byzantine, arabe et latine, s'accommodèrent. Ils vécurent en sultans dans leurs palais, adoptèrent les costumes de l'Islam et peut-être ses mœurs, protégèrent les juifs, les Grecs, les Arabes, tout en recrutant leurs évêques et leurs magistrats dans leur chère Normandie, si bien qu'on vit prospérer et fleurir l'union et la collaboration des trois principes religieux qui se disputaient alors et se disputent encore maintenant le bassin de la Méditerranée.

Heure unique ! Trêve sans précédent et sans lendemain !

Tout ce qui, dans Palerme, mérite d'être regardé — outre les débris de l'antiquité — vient de là. Les tombeaux de ces princes, qui, malgré leur origine étrangère, furent les seuls rois vraiment siciliens, sont gardés jalousement sous les voûtes de la cathédrale. On ne peut rien de plus noble. Le fondateur de la monarchie, ce simple gentilhomme qui est devenu le roi Roger, repose près du dernier représentant de la dynastie, le fameux empereur Frédéric II, — celui que le dévot Charles d'Anjou appelait, avec horreur, « le sultan de Lucera ». Entre ces deux hommes, il y a deux siècles. Ils sont tous les deux couchés côte à côte, dans le porphyre; mais le tombeau de Roger est rude, et celui de Frédéric est somptueux.

Or, du génie de ces princes et de la collaboration de leurs sujets divers, il reste les chefs-d'œuvre d'un art qui fait, de Palerme, un sanctuaire unique. C'est là, en effet, que s'accomplit le mariage des trois conceptions monumentales religieuses : la basilique devient mosquée, la mosquée devient cathédrale. On peut suivre la transition, ou mieux, la fusion, dans les monuments encore subsistants, à la Martorana, à Saint-Jean-des-Ermites et même à la cathédrale; mais le dernier mot est dit à l'église et au cloître de Montréale, « le plus beau cloître du monde »; et cet art rencontre, à son tour, son expression suprême dans un système de décoration dont on ne peut se faire l'idée que quand on a mis le pied en Sicile : la mosaïque.

C'est une véritable tenture d'or et de gemmes qui revêt l'intérieur de ces monuments.

Par les étroites fenêtres ogivales de la chapelle Palatine un rayon tamisé tombe obliquement et caresse les murs revêtus de la précieuse matière. Une lumière chaude et sensible se répand, les contours s'estompent, les angles s'arrondissent, les teintes s'apaisent et se mêlent. L'attention, suspendue et errante, sous un luxe qu'elle devine, finit par se poser sur les voûtes dont l'éclat amorti l'attire confusément, et, là, elle voit surgir peu à peu, comme dans une évocation, les scènes légendaires, les personnages hiératiques immobiles, à la fois terribles et doux, les vierges émaciées et douloureuses, les apôtres et les évangélistes rigides sous l'auréole d'or, les palliums et les dalmatiques prodigieusement ornés, les oiseaux étranges, les animaux affrontés, toute une décoration géométrique et savante, un monde ultra-terrestre, un rêve de pierres multicolores, où l'antiquité, la Bible et l'Islam se rencontrent sans se heurter.

Dans l'église de Montreale, le spectacle, moins intime et moins pénétrant, est plus magnifique peut-être et je ne sais rien de plus terrible que l'apparition énorme du Christ byzantin vêtu de bleu qui domine l'autel, emplit la voûte, occupe, pour ainsi dire, l'église tout entière, affirmant ainsi une présence « réelle » comme il n'y en a de pareille dans aucun autre édifice chrétien.

La Sicile, sous la domination normande, vit ces splendeurs qu'elle n'avait pas connues depuis la haute antiquité grecque. Mais, quand cette dynastie s'épuisa, la décadence commença, et bientôt la nouvelle conquérante, l'Espagne, imposa, avec son fanatisme bigot et sa dure tyrannie, son art factice et pompeux, son abominable rococo et le plaquage de marbre et de stuc, parodie honteuse de la noble mosaïque.

Depuis, il n'y a plus d'art en Sicile. Sur la terre qui fut, pendant des siècles, la terre de Beauté, la Beauté est morte, ou plutôt elle dort dans les ruines, dans les monuments du passé, dans les salles froides des musées...

On conserve, au musée de Palerme, le tombeau d'une jeune Sicilienne : c'est un monument du quinzième siècle. La jeune fille est sculptée en relief sur la dalle funéraire ; elle repose vêtue d'une robe aux longs plis tombants, les bras allongés, les mains croisées, la tête légèrement relevée sur un coussin; dormant elle sourit. L'inscription latine ne dit pas son nom; seulement l'écusson qui accompagne l'effigie porte, au-dessus d'une bande et de trois étoiles, une fleur de lys d'or. L'inscription un peu obscure semble dire qu'en l'année 1495, le 18 octobre, cette jeune fille chercha, d'elle-même, le repos dans la mort. La beauté sicilienne est morte aussi, au quinzième siècle, et l'écusson de sa tombe porte, avec les trois étoiles, une fleur de lys d'or.

III

Agrigente. — Les Grands Dieux.

Si la Sicile a été le rendez-vous des peuples, Agrigente fut le rendez-vous des Dieux. L'histoire est surtout à Palerme, la religion est surtout à Agrigente. Palerme est un musée, Agrigente est un panthéon.

Pour aller de Palerme à Agrigente, il faut traverser l'île de part en part. Palerme est au Nord, et regarde l'Europe ; Agrigente est au Sud, et regarde l'Afrique. La voie ferrée actuelle suit d'ailleurs le chemin ouvert, dès la plus haute antiquité, par le commerce phénicien qui, pour éviter la difficile circumnavigation des promontoires, s'enfonçait dans les terres et franchissait la ligne des montagnes intérieures.

Tant qu'on longe la mer, de Palerme à Termini, c'est toujours la côte parfumée. L'odeur des orangers vous accompagne. Pays béni, pays du rêve : les golfes qui se creusent sous la caresse de la mer, les chaînes de collines qui s'achèvent en promontoires et qui jettent parfois dans les flots des roches avancées, comme si les deux éléments hésitaient à se séparer, les villes et les villas nichées dans la verdure des anses, tout cet ensemble, sous un ciel fin et baigné dans une lumière légèrement tamisée, est d'une élégance et d'un charme incomparables.

Mais, quand on quitte la mer pour pénétrer dans l'intérieur, la face du pays change. On aborde bientôt une région montueuse, âpre et dénudée, hérissée de la végétation hostile des cactus et des figuiers de Barbarie. Les roches se découpent sur le ciel implacablement bleu. Leur entassement donne souvent l'illusion de murailles cyclopéennes. Pas d'arbres, pas de maisons isolées, pas de villages; à de rares intervalles, des villes à demi ruinées, grimpées au haut d'une colline, se couronnent des restes insolites de quelque *burg* normand.

Puis, la terre se dénude complètement; elle devient poussiéreuse et jaune ; elle brille, au soleil, d'un éclat singulier. C'est la région du soufre. Partout, le roc affleure sous la patine métallique. Seules, les usines révèlent la présence de l'homme ; elles sont elles-mêmes enfouies sous le sol, ne laissant apparaître, au-dessus du tas de déblais qui les entoure, que les extrémités supérieures des cheminées rangées en demi-cercle et qui vomissent, à ras de terre, une fumée noire. On dirait que le sol lui-même est en feu, et que l'enfer, exhalant son haleine fétide, est là, tout près.

Ainsi, par le contraste saisissant de la plaine et de la montagne, de la fertilité et de la stérilité, de la verdure et du feu, s'affirme la lutte éternelle qui ébranle cette terre, et où les anciens voyaient « le combat de Vulcain et de Cérès se disputant la Sicile, en présence de l'Etna ».

Les populations antiques suivaient anxieusement toutes les phases du combat dont elles entendaient les échos souterrains; de là cette mythologie féconde, fille de la nature, et dont nous trouvons encore les traces toutes vivantes, après vingt-cinq siècles, dans les ruines d'Agrigente.

Agrigente est sur les bords de la mer. Vous attendez un port. Or, le train vous laisse au pied d'une montagne à pic. Voyez-vous, là-haut, ce nid d'aigle? C'est Girgenti.

On monte, secoué par le dur cahot d'une voiture de rencontre; on monte longtemps;

on entre dans une ville aux rues étroites, aux boutiques mesquines, où une population inactive suit d'un œil indifférent l'arrivée des touristes. Quoi ! c'est là cette cité célèbre, « la perle de la Sicile » ?

Attendez. Un dernier effort : la voiture franchit la crête ; devant vous, s'ouvre une esplanade, une terrasse faisant balcon ; vous avancez de quelques pas, et soudain vous découvrez d'un seul regard le plateau, la colline, la plaine, les ruines, le port, la mer.

Ce lieu avait été choisi par les Grecs avec ce sens pratique et ce goût qui ne séparaient jamais le beau de l'utile. Un rocher offrant, à son sommet, une vaste plate-forme, s'élevait à quelque distance de la mer : c'est là qu'ils s'installèrent. Le rocher est une forteresse naturelle. Il est longé, à l'est et à l'ouest, par deux rivières qui lui servent de fossés et qui se réunissent à ses pieds ; du côté de la terre, il tombe à pic, d'une hauteur de trois cents mètres ; les vallées des deux rivières sont fertiles et assurent la subsistance. Entre le rocher et la mer, la plaine s'ouvre, et c'est un admirable amphithéâtre pour le déploiement des forces militaires et des foules, lors des fêtes publiques ; le port, enfin, offre un accès facile au navigateur, cependant que la mer, dominée de haut et de loin, ne peut laisser monter une voile à l'horizon sans que celle-ci soit aperçue et signalée par la sentinelle veillant sur l'acropole.

Quoi d'étonnant si, dans cette situation unique, non loin de Carthage, non loin de l'Italie et non loin de la Grèce, faisant encore partie de l'Europe et touchant presque à l'Afrique, voyant passer devant elle, dans l'étroit couloir méditerranéen, le commerce du monde, une ville magnifique a grandi, prospéré? Ouverte comme un marché, facile comme une hôtellerie, gaie comme une auberge, offrant aux commerçants et aux marins son abri, son luxe, ses plaisirs, tolérante et accueillante, elle se peuple et s'enrichit de la joie qu'elle procure à tous les survenants.

Telle fut Agrigente. Cinq siècles avant Jésus-Christ, elle couvrait de sa splendeur le plateau tout entier et elle dévalait sur la plaine qui s'étend jusqu'à la mer. Elle comptait plus de deux cent mille habitants. Pindare la nomme « la plus belle des villes bâties par les mortels ». Elle envoyait ses conducteurs et ses athlètes lutter et vaincre aux jeux olympiques. Diodore de Sicile, qui n'a connu que son déclin, nous raconte des traits singuliers de la munificence de ses habitants. C'était le pays des beaux chevaux : un Agrigentin vainqueur à Olympie fut accompagné, à son retour, par une escorte de trois cents chars, tous attelés d'une paire d'étalons blancs. Un autre citoyen d'Agrigente, Gellias, avait installé, aux portes de la ville, des serviteurs chargés d'inviter en son nom et d'envoyer chez lui tous les étrangers qui voulaient accepter son hospitalité. Aussi, Empédocle appelait Agrigente « un port où l'étranger était sacré, et où il ne pouvait lui arriver malheur ». Ce même Gellias était ami du bon vin, et il se plaisait à le faire goûter à ses hôtes : il avait dans ses caves une sorte de foudre qui pouvait contenir mille amphores des meilleurs crus. La ville avait fait creuser dans la plaine un lac qui servait de vivier et où l'on prenait, à loisir, tous les poissons de la mer. Un certain Antisthène, le jour des noces de sa fille, fit illuminer la ville entière par de grands feux allumés, au même moment, sur les autels de tous les temples.

Aussi, le renom de la ville, riche, abondante et joyeuse, était grand dans toute la Méditerranée; inutile d'ajouter qu'elle était enviée et convoitée par tous ses voisins. Elle avait déjà eu affaire aux Carthaginois, commerçants rapaces et qui n'aimaient pas la concurrence. Il est vrai qu'on les avait battus, une première fois. Mais ils pouvaient revenir. C'est alors que les Agrigentins conçurent le projet de fortifier entièrement leur ville.

Ils élevèrent donc, autour de la vaste cité, une muraille presque circulaire qui l'isola et la ceignit comme une tour. La formidable construction n'avait pas moins de dix kilomètres, et elle était épaisse, en moyenne, de dix mètres. Du côté de la campagne, elle couronnait la montagne; puis elle courait sur l'un et l'autre flanc, suivant les accidents du terrain; enfin, elle se développait du côté de la mer comme un immense balcon. Imaginez la terrasse de Saint-Germain supportant une grande ville et ayant un vaste port à ses pieds.

Cela ne suffit pas encore. Les Agrigentins eurent l'idée hautaine de mettre leur muraille sous la protection immédiate des dieux. Ils songeaient aussi à l'impression qu'il fallait produire sur les navigateurs entrant au port.

Ils décidèrent donc d'élever, sur la muraille elle-même, une série de temples, de façon à ce que la vaste enceinte devînt le piédestal et le soubassement d'autres constructions plus magnifiques encore.

Dix temples, au moins, furent bâtis, tous différents les uns des autres. On les appelle, aujourd'hui, un peu au hasard, temple de la Concorde, de Junon, etc. D'après les indices qu'il est possible de recueillir, on peut penser que les Agrigentins se montrèrent aussi hospitaliers pour les Dieux que pour les hommes. Dans leur ville, complaisante et tolérante, ils accueillirent tous les cultes méditerranéens.

D'abord, les Dieux Siciliens, les Dieux de la terre : ces « Géants » dont la chute inapaisée faisait perpétuellement trembler un sol inquiet; puis, les Dieux Palices, habitant des fontaines sulfureuses — dieux redoutables aux parjures; — puis, les Dieux de la pierre, rappelant peut-être l'utilité primitive du silex, et dont le culte se conservait dans l'adoration des pierres noires et dans celle des Hermès informes et mystérieux. Puis, le défilé des Dieux étrangers : ceux qui venaient de la Crète, car les Crétois se prétendaient grands inventeurs en fait de Dieux : dieux bienfaiteurs de l'agriculture et dessécheurs des marais, dieux cornus, dieux à forme bovine, fils du Minotaure, comme fut, à Agrigente, le fameux taureau de Phalaris; et puis d'autres encore, le dieu phénicien Baal-Ammon, lui aussi porteur de cornes, et puis l'Hercule, « vainqueur des mouches », héros frère de celui qui nettoya les écuries d'Augias; et puis un autre encore, parent, lui aussi, des divinités asiatiques et qui avait un temple à Carthage, Esculape-Jupiter, dieu de la Médecine et de la Santé.

Et enfin, les grandes déesses méditerranéennes, les déesses-mères, celles qui étaient vénérées, à la fois, en Crète, à Pessinonte, à Athènes, et que la Sicile prétendait lui appartenir en propre, Cérès et Proserpine. Leur culte est encore emprunté à la lutte de l'homme contre la nature. C'est la touchante légende du grain de froment qui disparaît six mois sous la terre et qui ne reparaît que pour disparaître à nouveau. C'est l'alternative de la semence et de la récolte qui suit l'alternative des saisons; c'est l'inquiétude du laboureur, et ce sont ses lamentations; c'est la bénédiction des Dieux invoquée pour ses travaux.

Mais ce mythe grec est aussi un mythe égyptien, un mythe asiatique. Il se confond avec la légende d'Osiris, avec les mystères éleusiniens qui, eux-mêmes, sont pareils aux mystères dionysiaques ; ainsi toutes ces histoires se mêlent, s'embrouillent, toutes les origines se rapprochent. Dieux d'Asie, d'Europe ou d'Afrique, dieux des continents ou des îles, dieux d'hier ou de demain, ils sont tous les mêmes Dieux, ils ne font tous qu'un même Dieu ; tous également fils de l'inquiétude humaine qui projette dans le ciel ses terreurs, ses aspirations, ses douleurs et ses joies. Telle est la leçon que nous donne cette haute antiquité.

Et voilà ce que les Agrigentins montraient, du haut de leurs murailles aux navigateurs passant au large. Ceux qui s'approchaient et qui débarquaient n'avaient qu'à choisir ; ils pouvaient prier leurs Dieux dans la langue et selon les rites ancestraux.

Cependant, en cette large union et compréhension de toutes les mythologies, il n'est pas douteux que la place principale ne fût réservée aux divinités grecques. Quatre d'entre elles eurent certainement, ici, leur temple. A l'Acropole, Jupiter « fondateur des villes » ; près de lui, sur la plus haute colline, la Minerve athénienne, cette brave et chaste Minerve qui n'est que l'intelligence armée et vigilante, celle qui, dans les métopes de Sélinonte, envoie rouler, d'un coup de poing si magistral, la brute Encelade. Jupiter et sa fille régnaient sur la colline.

Quant à la porte de la ville, porte unique qui, par un chemin grimpant et tortueux, donnait accès du port dans la cité, on la confia aux dieux forts par excellence, Jupiter Olympien et Hercule. Les deux édifices s'élevèrent, énormes, l'un près de l'autre et n'ayant entre eux que l'étroite ouverture. Le temple de Jupiter était le plus grand, l'un des plus grands et des plus beaux qu'ait connus l'antiquité. Il mesurait 110 mètres de long, 55 mètres de large; les demi-colonnes encastrées qui le soutenaient avaient 17 mètres de hauteur et 6 m. 50 de circonférence; un homme eût pu s'abriter dans chacune de leurs cannelures; son toit était supporté, à mi-hauteur environ, par des colosses énormes, des Atlantes, des Télamons, mesurant 8 mètres et qui portaient l'entablement sur leurs épaules... Leurs membres dispersés encombrent maintenant le sol.

De toute cette magnificence, que reste-t-il aujourd'hui? Des ruines; mais combien éloquentes et belles! La toute petite ville actuelle s'est réfugiée sur l'Acropole. Elle est toute blanche ; on dirait un vol de colombes posées auprès des vieux temples et prêtes à prendre l'essor. A ses pieds s'étendent les jardins qui couvrent la place des rues, des maisons, des palais. On y rencontre, à chaque pas, des débris, témoins, encore délicieux, d'un art raffiné. La partie de la longue muraille qui formait étage sur la mer subsiste ; vue d'en bas, elle dessine nettement l'aspect que présentait la ville ancienne.

Sur cette muraille, deux temples sont debout. L'un, qu'on appelle le temple de Junon, est au tournant de la colline. Fièrement planté sur les assises du rocher, il découpe sur le ciel ses colonnes à demi-brisées. L'autre temple est plus complet. Il a gardé ses colonnes, ses entablements, ses frontons. Sa forme est intacte. Fin, élégant, de proportions exquises, il se montre, de flanc, sur la muraille robuste où repose, depuis deux mille cinq cents ans, sa triomphante beauté. On l'appelle le temple de la Concorde. Placé comme il l'est, pour être vu d'abord à l'entrée du port, je croirais plutôt qu'il était consacré au Bon Accueil, à la déesse « Hospitalité ».

C'était, nous l'avons vu, une déesse chère à

Agrigente, et la moderne Girgenti, si déchue pourtant, n'a pas perdu cette tradition.

Dans les ruines mêmes du temple, des jeunes gens célébraient une fête. Ils avaient apporté un tonnelet de vin ; ils le vidaient en buvant à la ronde : on eût dit quelque Dionysiaque ; nous prenions plaisir à les regarder ; l'un d'eux se leva et nous tendit le verre, où nous bûmes, tour à tour, fraternellement. Et, le soir du même jour, — c'était un dimanche, — comme nous retournions vers la ville, nous fîmes la rencontre d'un groupe de jeunes filles aux yeux noirs, qui revenaient de la berge en chantant. Nous écoutions les voix pures : était-ce une Panathénée? Comme l'avait fait un des jeunes gens, une des jeunes filles se détacha du groupe et s'avança vers les étrangers. Elle nous offrit une rose qu'elle tenait à la main et, sans attendre même nos remerciements, elle rejoignit ses compagnes et reprit, avec elles, la chanson.

IV

Syracuse. — La mort d'Athènes.

Palerme regarde l'Europe, Agrigente regarde l'Afrique, Syracuse regarde la Grèce ; la Trinacrie réalise ainsi sa formule complète, sa triple orientation et sa triple destinée.

Détaché à peine de la Grande Ile et séparé d'elle par un canal qu'un tronc d'arbre renversé franchirait, un petit îlot se cache dans un des golfes aux courbes harmonieuses qui se succèdent sur la côte orientale ; c'est l'île aux Cailles : Ortygie. Là, les passages fatigués des oiseaux migrateurs s'abattent avant de prendre l'essor dernier vers l'autre continent ; là, sur le bord même de la mer, sourd une fontaine claire et douce qui cache son murmure sous les hautes herbes ombellées du papyrus d'Égypte ; c'est la source d'Aréthuse, et le miracle de sa présence en cet endroit est tel que l'antiquité recourut pour l'expliquer à l'intervention divine. Le fleuve Alphée qui se perd, en Grèce, dans les sables de l'Élide, poursuivait, disait-on, sous la mer, la nymphe de Diane qui fuyait devant lui, et venait jusqu'en Sicile se mêler à ses ondes. Les deux rivages qui se font face étaient donc amoureux l'un de l'autre; un lien éternel et divin les unissait. Or, huit siècles avant notre ère, un fils de la côte voisine, Archias de Corinthe, exilé à la suite d'un crime mystérieux, arrêta sa course errante dans l'îlot sacré et y fonda Syracuse.

Ainsi, en face de la Grèce, une autre Grèce naquit. Les villes hellènes eurent, ici, des filles plus puissantes qu'elles-mêmes. Ici, des démocraties actives, turbulentes, développant et exagérant les qualités et les défauts de la mère patrie, se multiplièrent. La politique coloniale qui fut, de tout temps, la grande politique méditerranéenne, connut ici ses premiers et ses plus éclatants succès. Mais elle y trouva aussi ses plus fameux revers.

Bientôt les séparations odieuses, les guerres fratricides, les luttes inexpiables. Ballottées entre la démocratie et la tyrannie, les républiques siciliennes se ruèrent les unes sur les autres. La guerre intestine causa la guerre étrangère. Il n'y eut pas de violences assez atroces, de ruines assez complètes pour satisfaire les haines et les vengeances.

Au moment où se livrait, contre Carthage, sur la terre de Sicile, le combat de l'Europe contre l'Afrique, on vit, par une diversion impie, la Grèce s'armer contre la Grèce, l'Europe prendre l'Europe à revers. Une lutte terrible s'engagea, — la plus grande et la plus tragique, digne de l'historien qui l'a racontée, Thucydide.

J'avais hâte de suivre, sur les lieux, les péripéties du drame. Quoiqu'il remontât à vingt-cinq siècles, il me paraissait d'hier, tant il est vivant pour toujours dans les pages que je venais de lire. Je cherchai du regard les endroits illustres dont les noms si beaux étaient fixés dans ma mémoire: l'Ortygie, l'Achradine, Tychè, les Epipoles, le Plemmyrion. J'étais impatient d'embrasser d'un coup d'œil les lieux immortels, — le champ de bataille où périt Athènes.

Je partis sans retard pour l'Euryèle. Je savais que, de là, on dominait la ville. Il faut près de deux heures d'une marche rapide pour gagner la haute colline. Au sommet, les restes encore considérables d'une forteresse antique forment la pointe extrême, vers la terre, de la muraille qui protégeait la cité et qui ne comptait pas moins de quarante kilomètres de développement. Du fort, on découvre toute la contrée.

Quel ciel et quelle mer! Le bleu de l'espace et le bleu de l'étendue se reflètent et se pénètrent dans la splendeur. La matinée est déjà brûlante. La lumière vibre d'une intensité telle qu'on dirait le rayonnement de la terre enflammée.

La côte se développe en courbes molles que prolongent délicatement des presqu'îles et des caps d'une blancheur marmoréenne. Ils encadrent la mer bleue et son écume les borde d'une mince ligne blanche, plus délicate encore. Vers le nord, la ligne bleue se courbe et se recourbe, allant vers Mégare, vers le mont Tauros, vers Hybla chère aux abeilles, et enfin on devine, dans le ciel, derrière la brume lucide, la présence magnifique, Etna!

Au sud, encore des rivages blancs, des golfes bleus, des promontoires; plus près, sous la verdure, c'est la vallée de l'Anapo où coule la fontaine de l'autre nymphe, au nom si doux, Cyané; et voilà, parmi les oliviers, les deux colonnes isolées, restes du temple de Jupiter, l'Olympéion, auprès duquel eurent lieu les fameux combats.

La ville actuelle tient tout entière dans Ortygie, qui est, d'ailleurs, reliée à la côte depuis l'antiquité. De chaque côté, voici les deux ports où les trirèmes combattirent. Du fort où je suis, jusqu'à la ville, une pente rocheuse et rocailleuse, une sorte de catastrophe terrestre, avec de brusques chutes de gradins gigantesques, des éboulements de rochers, des affleurements de granit rouge, des déchirures de crevasses et de cavernes.

On me montre, au loin, les ouvertures béantes des carrières où les Athéniens moururent. Autour, une plaine aride, de rares jardins, de maigres plantations, parfois un arbre échevelé sur un roc debout. C'est sur cet espace que vécut Syracuse. Elle comptait 500.000 habitants. Elle était la ville la plus vaste de la haute antiquité grecque ; aujourd'hui, il est impossible, non pas seulement de reconnaître, mais de comprendre même qu'elle ait été ici. Jamais le mot n'a été plus vrai : les ruines mêmes ont péri.

Mais, si la vie a disparu, l'histoire subsiste. C'est elle qui anime ces lieux splendides et désolés.

Syracuse, fondée depuis plus de trois siècles, avait atteint son apogée. Depuis longtemps, elle avait débordé de l'île Ortygie sur la grande terre. Ses faubourgs, la Néapole, les Epipoles, l'Achradine, Tychè, s'étendaient au loin; elle avait élevé dans l'île, près de son acropole, le temple, consacré à Minerve, dont les puissantes colonnes soutiennent encore la cathédrale actuelle; — car on prie au même lieu, entre les mêmes murailles, depuis trois mille ans; — elle avait dédié d'autres temples aux autres Dieux grecs, à Apollon, à Esculape, aux Déesses Mères et, surtout, près de la fontaine Cyanè, hors de la ville et dans un lieu légendaire, le plus célèbre de tous, à Jupiter Olympien. Elle avait construit ses deux ports et ce théâtre qui n'avait peut-être pas d'égal dans l'antiquité et dont les soixante-trois gradins taillés dans le roc, et en partie revêtus de marbre, recevaient vingt-quatre mille spectateurs. D'ici, les citoyens rassemblés contemplaient avec orgueil le spectacle sans pareil que présentaient, vers le coucher du soleil, la ville et la campagne, le Grand-Port et la vaste mer. Syracuse, après avoir chassé les tyrans qui l'avaient conduite à ce degré de splendeur, se croyait la plus grande, la plus riche et la plus libre des villes.

Mais il y avait, au même moment, en Grèce, une ville qui était, sinon plus grande, du moins autrement puissante, autrement illustre et autrement fière : c'était Athènes.

Athènes avait sauvé la Grèce de l'invasion médique. Athènes avait étendu son autorité maritime et coloniale sur toutes les mers grecques. Athènes avait, dans la première partie de la guerre du Péloponèse, contenu la puissance de sa rivale, Lacédémone. L'ambition des Athéniens s'était accrue, par leurs succès mêmes, et l'orateur antique les dépeignait ainsi : « Les Athéniens sont novateurs, prompts à concevoir, prompts à exécuter; ils sont remuants, ambitieux, rapides dans leurs desseins. A peine jouissent-ils de ce qu'ils possèdent, désireux d'acquérir sans cesse davantage; ils font consister le malheur bien plutôt dans une molle oisiveté que dans l'activité laborieuse. On les peindrait d'un seul trait en disant qu'ils sont nés pour ne connaître aucun repos et n'en point laisser aux autres. »

Les Athéniens, maîtres de la mer et disposant d'une force maritime sans égale, cherchaient à employer les loisirs de la trêve conclue avec Sparte. C'est alors qu'ils virent venir vers eux des Siciliens implorant leur secours.

Les Léontins, voisins de Syracuse, se plaignaient de l'insolence de la puissante ville. Mais, surtout, les Ségestains — ces Ségestains étrangers dans l'île, dévots de la Vénus érycienne — surent, par la plus habile des argumentations et la plus perfide des promesses, obtenir l'intervention des Athéniens. Ils présentèrent au peuple, qui les écouta d'abord avec curiosité, puis avec intérêt, les avantages d'une expédition qui le couvrirait de gloire, qui lui assurerait les plus riches dépouilles, qui détruirait une rivale de famille dorienne, Syracuse, qui ferait d'Athènes la maîtresse de l'île entière, et qui, probablement, lui permettrait d'étendre sa domination sur la Méditerranée occidentale. Enfin, quoique leur ville fût sans ressources, ils s'engagèrent à supporter les frais de l'expédition.

Ces motifs n'eussent pas suffi peut-être pour déterminer le peuple athénien, préoccupé des risques de l'expédition, s'il ne s'était trouvé, parmi les citoyens, un homme jeune, un homme séduisant, un homme populaire, un général aux boucles blondes, dont l'ambition tablait sur de vastes entreprises et sur un grand commandement, Alcibiade. Alcibiade se prononça vivement pour la guerre ; ses partisans se remuèrent pour enlever le suffrage. On excita les convoitises, l'ambition, la haine séculaire contre les Doriens. Au jour où l'assemblée se réunit pour délibérer, la décision était arrêtée dans les esprits.

Pourtant, il y avait, dans Athènes, un homme plus considérable encore, considérable par son âge, sa notoriété, ses services, Nicias. Il était de famille noble ; il avait fait ses preuves. Général habile, homme d'État expérimenté, orateur solide, il était très riche, très charitable et surtout très pieux. C'était un homme pondéré, prudent, un peu pusillanime. Quoiqu'il eût été toujours heureux, il n'aimait pas à se confier au hasard. Sa sagesse avait conseillé la trêve conclue avec Sparte et qu'on appelait, de son nom, la paix de Nicias. Or, Nicias, devant le peuple assemblé, se prononça fortement contre le projet. Il montra l'imprudence, la folie de l'expédition ; il présenta un vif tableau des sacrifices qu'une telle campagne entraînerait. Il accusa Alcibiade de pousser, par ambition, leur patrie commune à sa perte.

Alcibiade répondit par un discours très mesuré, où il parut plus calme et plus maître de soi que son adversaire. Le peuple athénien, travaillé d'avance, se prononça presque à l'unanimité pour l'expédition. Mais, par une singulière contradiction, il décida que, parmi les trois généraux entre lesquels le commandement serait partagé, figureraient, en même temps, Nicias et Alcibiade; et, par une contradiction non moindre, Nicias s'inclina devant la volonté du peuple et accepta le commandement.

On procéda donc à l'armement et à l'équipement de la flotte et de l'armée. Les préparatifs furent immenses et minutieux. Jamais la ville n'avait fait un pareil effort. On construisit des vaisseaux ; on enrôla des hoplites, on réclama les contingents des alliés. C'était un engouement universel; les citoyens s'inscrivaient en masse, volontairement.

Tout était prêt. Cependant les augures étaient incertains. Parmi l'ardeur unanime, une sourde inquiétude commençait à se répandre, lorsqu'un de ces faits mystérieux et poignants qui troublent parfois si profondément la conscience des peuples se produisit. Un matin, on trouva, dans la ville, la plupart des « Hermès » mutilés. C'étaient des statues sacrées, vénérées par le peuple, en raison de leur forme singulière — un simple bloc de pierre à figure humaine — et du culte mystérieux qui leur était rendu de toute antiquité. Pour les Athéniens, un pareil sacrilège était une affreuse calamité. Il fallait, à tout prix, découvrir et châtier les coupables ; sinon la vengeance des Dieux frapperait le peuple lui-même.

Bientôt, les soupçons se propagent par la ville. Les haines s'enveniment. Les citoyens et les familles se divisent. Les dénonciations se succèdent. Les prisons se remplissent. Le mystère ne faisait que s'épaissir. On avait promis des sommes considérables à ceux qui fourniraient des indications utiles, et même l'impunité s'ils étaient complices. Enfin une dénonciation se produisit. Indirectement, elle visait Alcibiade.

Mais les preuves ne parurent pas concluantes contre le favori du peuple. Celui-ci, refoulant de sombres pressentiments, ne voulut pas changer sa résolution, et, malgré tant de sinistres présages, il laissa partir l'expédition qui engageait Athènes dans une entreprise lointaine, commandée par des chefs qui se détestaient mutuellement, dont l'un était d'avance découragé et l'autre suspect.

Thucydide a peint les sentiments divers qui agitaient l'âme des Athéniens quand ils assistèrent au départ de la flotte. Toute la population de la ville était descendue sur le port. Au moment de la séparation, les risques apparaissaient bien plus vivement qu'à l'heure où on avait pris la décision. Les parents, les amis accompagnaient ceux qui partaient. Combien de ceux-ci ne reviendraient pas! Ils étaient là tous, mêlant les gémissements aux souhaits et aux paroles d'espoir...

Les prières furent dites, pour l'armée et pour le peuple en commun, par un seul héraut, et, quand la trompette retentit, quand on eut achevé les libations, quand, sur la terre et sur la mer, les soldats et les citoyens entonnèrent, d'une même voix et d'un même cœur, le *Pæan*, une émotion indicible se répandit sur la foule entière, soucieuse et responsable.

« C'était la première fois qu'on voyait sortir, d'une seule ville, des armements aussi splendides; c'était la plus magnifique expédition que la Grèce eût tentée jusqu'alors.

Aucune entreprise ne fut plus fameuse par son incroyable audace et par l'éclatant spectacle qu'elle présenta. »

Syracuse, sans défense et presque sans armée, tremblait à l'idée, accrue encore par la distance, de la grandeur du péril qui allait fondre sur elle.

Les démocraties sont impressionnables et soupçonneuses. Quand un fait obscur les frappe, elles ne peuvent supporter le doute; les interprétations diverses surgissent; les esprits se partagent; chacun affirme avec violence ce qu'il sait et ce qu'il ignore; les convictions se forment souvent d'après les intérêts, les ambitions, les engagements, ou simplement le caprice. Autant les engouements sont prompts et irréfléchis, autant les désaffections sont subites et inexplicables.

Tant qu'Alcibiade fut dans Athènes, on ne jurait que par lui. Quand il eut quitté la ville, avec l'armée qui allait opérer en Sicile, le charme fut rompu. Les accusations portées contre lui se précisèrent. On s'était refusé à les prendre en considération quand il était là; on les trouve accablantes, dès qu'il est parti.

Rappeler un général en chef sur des dénonciations suspectes, alors que son retour pouvait désorganiser l'armée et diviser la République, c'était une faute grave. Au nom de la justice, on n'hésite pas à la commettre. A peine l'armée athénienne était-elle en Sicile, à peine avait-elle commencé les opérations, que les troupes virent arriver la galère sacrée, la galère salaminienne. Son commandant était porteur d'un message par lequel le Sénat donnait l'ordre à Alcibiade de revenir sans retard à Athènes pour y être jugé.

Alcibiade se méfiait ; il n'avait pas la conscience nette et il n'avait pas de scrupules ; il dit à ses amis : « Lorsqu'on est cité en justice, c'est une sottise de comparaître ; le plus sage est de disparaître. » Ainsi fait-il. Il s'embarque sur sa propre galère, promettant de voyager de conserve avec la trirème sacrée : mais au premier port où on fait escale, à Thurium, il fausse compagnie. Bientôt Athènes entendra parler de lui. C'est encore un de ses mots : apprenant que le peuple l'avait condamné à mort, il s'écria : « Ils verront bien que je suis toujours vivant. »

Nicias restait à la tête de l'armée ; il avait pour adjoint un certain Lamachus. Celui-ci n'était qu'un brave soldat. Il voulait marcher droit sur Syracuse, profiter de la surprise de l'ennemi, emporter la ville d'assaut. Nicias, prudent, circonspect, crut sage de temporiser. Au fond, il n'avait pas confiance. Habile négociateur, il entretenait des menées dans la ville ; fécond en stratagèmes, il ne livrait bataille qu'à bon escient, infligeant à l'ennemi des échecs graves, mais qui n'étaient pas irréparables, et qui habituaient celui-ci à combattre. Il consultait sans cesse les augures. Les devins prédirent que les Athéniens prendraient tous les Syracusains d'un seul coup ; or, il arriva qu'on s'empara d'une galère où se trouvaient les tables de bronze sur lesquelles les noms des citoyens de la ville étaient inscrits. Plus tard, les augures déclarèrent que l'oracle était accompli.

Le siège traîne en longueur, les maladies épuisent les troupes. Nicias ne pense qu'à se défendre, quand il aurait dû attaquer ; il entoure Syracuse d'une immense muraille qui coupe toute communication avec la terre ferme. Sur la hauteur qui domine la plaine, non loin de l'Euryèle, il construit un fort, et il attend, se croyant assuré, maintenant, de prendre la ville par la famine.

Alcibiade avait débarqué en Grèce ; il n'avait qu'une pensée : se venger du peuple qui l'avait condamné. Il se rend à Sparte. Il demande à s'expliquer devant l'assemblée : « Qu'on m'écoute, dit-il ; hier, j'étais votre ennemi ; aujourd'hui, j'ai le même ennemi que vous-mêmes, c'est-à-dire Athènes. Les vrais ennemis sont ceux qui forcent leurs amis à devenir des ennemis. » Il dévoile les projets de sa patrie. « Je les connais, ajoute-t-il, car c'est moi qui les ai conçus et qui les ai fait approuver par le peuple. Ne vous y trompez pas : la prise de Syracuse décidera de l'asservissement de toute la Grèce. Si les Athéniens s'emparent de cette ville, ils seront bientôt les maîtres de la Sicile et de toute l'Italie ; leurs ressources seront décuplées et ils fondront sur vous. Ce n'est pas de la Sicile, mais du Péloponèse qu'il faudra vous occuper, si vous ne savez pas intervenir à l'heure opportune, c'est-à-dire dès maintenant. Attaquez Athènes désarmée. Frappez l'ennemi au cœur. Envahissez l'Attique, alors qu'elle est démunie. Secourez Syracuse. En la sauvant, vous vous sauvez vous-mêmes. »

Ces conseils sont entendus. Alcibiade avait su vaincre la froideur spartiate et gagner les cœurs, ici comme à Athènes : « Partout où se trouvait cet homme, dit un historien ancien, il devait être le premier et le plus aimé. »

Sparte se décide donc à prêter main-forte aux Syracusains. Elle envoie en Sicile un officier de mœurs assez décriées, mais habile homme, et ayant sa fortune à faire : il s'appelait Gylippe. Il réunit une petite troupe, se jette dans l'île par le nord, ramasse quelques aventuriers, harcèle les derrières de l'armée de Nicias, et, profitant d'un point mal gardé dans les retranchements de celui-ci, il pénètre dans la ville. Ce secours inespéré paraît aux Syracusains une intervention divine. Ils s'exaltent, ils entourent Gylippe. Celui-ci les harangue, les encourage. Il prend le commandement et marche sur le camp des Athéniens.

Avant de livrer bataille, il adresse à Nicias un héraut : « Si les Athéniens veulent se retirer, il est encore temps, et lui, Gylippe, les autorise à s'en aller, la vie et bagues sauves », comme dit le bon Amyot. Ce ne fut, dans tout le camp athénien, qu'un éclat de rire. Nicias ne répondit même pas. Quant aux soldats, ils demandèrent au héraut ce que les Syracusains prétendaient faire avec le bâton et la cape qui leur étaient arrivés de Sparte.

Le « bâton et la cape », c'était Lacédémone. Gylippe organise la défense. Il discipline les Syracusains, les éprouve par de nombreuses sorties. Il fait construire des vaisseaux d'un nouveau modèle. Un jour, il s'enhardit jusqu'à attaquer la flotte athénienne, maîtresse de la mer. Maintenant, ce sont les Athéniens qui sont assiégés derrière leur muraille et dans leur fort. Ils sont sans ressources, sans vivres ; leurs alliés de l'île les abandonnent; Lamachus est tué dans une escarmouche.

Nicias seul, malade, malheureux, anxieux, appréhendant la colère du peuple et la colère des dieux, écrit à Athènes pour exposer la situation et pour demander du secours. Rien de plus navrant que cette lettre : « Nous avons fait tout le possible, soyez-en assuré, peuple athénien ; nous n'avons pas démérité. Mais les troupes que vous avez envoyées ici ne suffisent pas. Il faut ou les rappeler, ou les renforcer par une armée de terre et de mer non moins puissante que la première ; il faut aussi beaucoup d'argent. Et puis, donnez-moi un successeur; car je suis atteint d'une néphrite qui ne me laisse pas de repos ; je ne puis plus rester ici. » Le peuple décida qu'on expédierait une armée nouvelle en Sicile, mais qu'on laisserait le commandement à Nicias. La République, attaquée au même moment par les Spartiates, faisait un effort suprême.

A la fin de l'hiver, l'armée de secours partit; elle était commandée par un général réputé, Démosthène. Mais, à son arrivée en Sicile, celui-ci trouva l'armée de Nicias écrasée, anéantie par une dernière défaite. Il livre bataille à son tour : il n'est pas plus heureux. On réunit alors le conseil de guerre. Tous sont d'avis qu'il ne reste plus qu'à lever le siège et à rentrer en Grèce. Les ordres sont donnés dans le plus grand secret. Tout est prêt pour le départ. Les soldats se réjouissent de quitter cette terre maudite. L'embarquement devait avoir lieu au milieu de la nuit. Soudain, au moment où on lève le camp, la lune, qui était dans son plein, se voile : les ténèbres couvrent la terre et la mer. C'était une éclipse. Nicias, homme pieux, déclare aussitôt que les augures sont contraires et qu'on ne partira pas.

Les Syracusains, avertis des intentions de l'ennemi, jettent un pont de bateaux en travers de leur port, pour bloquer l'armée athénienne.

Celle-ci est prise comme dans une souricière entre les murailles qu'elle a élevées elle-même et la digue mouvante qui entoure les vaisseaux. Il faut s'ouvrir le chemin de la mer, ou périr.

Nicias se décide. Il adresse aux troupes le discours le plus pathétique : « Athéniens, je vous rappelle que vous n'avez laissé là-bas ni flotte comme celle-ci dans les arsenaux, ni hoplites dans la force de l'âge ; si vous aviez le malheur de ne pas vaincre, c'est Athènes qui serait perdue. » Les trirèmes sont armées et se portent en bon ordre contre la flotte syracusaine. L'armée de terre était sur le rivage et assistait impuissante au combat.

Thucydide l'a raconté d'après les souvenirs des témoins oculaires.

« Les soldats rangés sur le bord suivaient des yeux la lutte à laquelle ils ne pouvaient prendre part ; tant qu'elle fut incertaine, leur attention était telle que leurs corps reproduisaient les gestes de ceux qui se battaient et peignaient les mouvements de leur âme.

L'anxiété était horrible : à chaque instant, ils touchaient à la ruine ou au salut. On entendait, en même temps, dans toute l'armée, des lamentations, des cris : « Vainqueurs ! vaincus ! » et toutes ces exclamations diverses se croisaient, comme si elles eussent pu, du rivage, aider les combattants. »

Syracuse l'emporta. Nicias voulut essayer encore de forcer le passage à la faveur de la nuit : les marins refusèrent d'embarquer. Alors ce fut, dans le camp, un désordre inexprimable. Partir, rester, était également impossible. La mer était fermée, l'île était hostile, toutes les issues surveillées. Cependant, on tenta la retraite par terre. Le camp fut détruit. On n'ensevelit pas les morts ; on laissa les malades, les blessés, les mourants qui suppliaient qu'on les achevât ; ils se suspendaient à leurs compagnons de tente au moment du départ, et les suivaient aussi loin qu'ils pouvaient, puis, quand la force leur manquait, ils tombaient sur le chemin, maudissant ceux qui les abandonnaient. L'armée entière pleurait, accablée de désespoir et de honte. Il n'y avait, là, pas moins de quarante mille hommes ne formant plus qu'un troupeau, allant et venant dans l'espace que les Syracusains, commandés par Gylippe, resserraient de plus en plus.

Nicias, ayant atteint le comble du malheur, torturé par la douleur physique, se faisait porter au milieu de l'armée. Il s'efforçait de rendre à tous un espoir que depuis longtemps il ne partageait plus : il parlait aux uns et aux autres, rappelant à chacun les souvenirs du passé et de la patrie commune. « Parmi toutes ces choses pitoyables, dit Plutarque, il n'y en avait point de si misérable et qui fût plus digne de compassion que de voir la personne du général : maigre, défait, mourant, il demeurait stoïque ; il retenait ses larmes et consolait les autres. Et ce qui ajoutait à la pitié, c'est qu'on savait qu'il avait tout fait pour empêcher ce voyage et détourner le peuple de cette entreprise ; c'est qu'on savait qu'il avait toujours servi loyalement le pays et qu'il n'avait jamais manqué à aucun de ses devoirs envers les dieux. »

Le supplice se prolongea huit jours. A la fin, l'arrière-garde, commandée par Démosthène, fut enveloppée et anéantie ; ce général fut blessé ; Nicias dut se rendre à son tour. Ce qui restait de l'armée athénienne capitula avec lui.

L'armée syracusaine se partagea le butin et la plupart des hommes furent réduits en esclavage. Ceux des soldats qui appartinrent à la cité furent enfermés dans ces immenses carrières, les « latomies », d'où ils avaient tiré eux-mêmes les matériaux nécessaires à la construction de la muraille destinée à bloquer Syracuse. Là, en proie à la faim et à a soif, dévorés par l'ardeur du soleil et par les piqûres des insectes, misérables, humiliés, vaincus, les fils d'Athènes périrent. Par ordre du peuple syracusain, dont la joie farouche se refusa à la pitié, Démosthène et Nicias furent égorgés et leurs corps restèrent longtemps exposés à la porte de la prison.

Les cris des malheureux soldats, la plainte des mourants, la voix de tout un peuple, on les entend encore, quand on se penche sur le trou béant que font, sur l'emplacement de Syracuse, depuis longtemps ruinée, les tragiques « latomies ». Et on entend aussi, plus terrible et se prolongeant à travers l'histoire, un autre cri désespéré, celui d'Athènes, qui mourut bientôt de cette catastrophe, victime de ses fautes, o victime peut-être de la fureur des Hermès non vengés.

V

L'Etna.

La fin naturelle d'un voyage en Sicile, c'est l'Etna. L'île forme une pente inclinée du Sud-Ouest vers le Nord-Est, s'élevant lentement vers la montagne, qui l'achève et la soutient. De tous les points culminants, quand on vient de l'intérieur, on aperçoit la masse qui encombre l'horizon. Le panache de fumée qui le couronne fuit dans les nuages.

Le volcan est un tas de terre énorme, mais isolé : il ne fait pas partie d'un système de montagnes ; il se suffit à lui-même. Il s'est créé lui-même, il se transforme et se déforme constamment par ses propres forces ; il est en relation directe avec les entrailles de la terre. Il est là, contemporain de la création ; depuis que l'humanité habite sur les bords de la Méditerranée, elle le voit toujours flamboyant, toujours rugissant, toujours menaçant.

Son dos rond s'étend sur une longueur de plusieurs lieues ; sa circonférence, à la base, est de 140 kilomètres ; son front s'élève à 3.313 mètres au-dessus de la mer. De la plaine au sommet, tous les climats se succèdent sur ses flancs. En franchissant moins d'un kilomètre en hauteur, on passe de la température normale de l'Afrique à la température normale de la Laponie. Le pied de l'Etna fleurit parmi les vignes, les orangers et les oliviers ; la neige ne fond jamais complètement sur son crâne pelé.

Mais ce n'est pas seulement l'étonnante variété de son manteau extérieur qui donne la vie à l'Etna. Il est animé d'une vie intérieure constante. Il souffle, il gémit, il ahanne, il éructe, il rugit, il appelle ; parfois il s'agite dans les profondeurs : on dirait qu'il va se soulever; et alors, c'est, dans l'île entière, un sourd craquement, comme si elle allait, elle-même, se déraciner.

La montagne n'est pas immobile, elle se déplace ; s'arrachant au sol qui la supporte, elle se projette et se dépose où il lui plaît; elle roule sans cesse, en grommelant, son travail souterrain, dont nul ne peut connaître les causes, les voies, les issues. C'est par centaines que l'on compte, dans la région etnéenne, les cratères morts, abandonnés, —

et qui vont peut-être, demain, se rallumer. Au point culminant, une cheminée fume ; mais partout, sur la périphérie, les menaces sont instantes. Il est arrivé — et sans doute dans la période historique — que la montagne s'est fendue du haut en bas et que, par une catastrophe inouïe, elle s'est abîmée en elle-même et a disparu. Ainsi s'est creusé le *Val del Bove*, au lieu où fut, jadis, le véritable sommet; ce n'est plus, aujourd'hui, qu'un trou béant, une crevasse gigantesque dont l'œil ne peut percer, mesurer, ni deviner les ombres. On dit, cependant, que la montagne se refait, au fond du précipice, par une série d'éruptions, dont on entend la détonation profonde, et il arrivera peut-être une heure où elle s'arrachera de nouveau à l'abîme pour remonter vers la lumière en une prodigieuse ascension.

Dans les temps actuels, ce n'est pas vers son sommet que la montagne exerce sa force; c'est plutôt à ses pieds : on dirait qu'elle dessine et qu'elle élargit autour d'elle, en soulevant une série de taupinières comme autant de bornes redoutables, le cercle qui lui appartient, et dans lequel elle prétend rester maîtresse de la vie et de la mort.

A l'époque de l'année où j'étais en Sicile, les neiges ne permettaient pas d'atteindre le haut de la montagne; c'est donc de Nicolosi et des monts Rossi, c'est-à-dire d'un des cratères récents, fils de la haute montagne, que j'ai pu contempler la masse imposante. Des nuages diaprés contournaient sans cesse son front mobile; ils reflétaient toutes les teintes du soleil couchant. Un voile magique découvrait et cachait alternativement le subtil sommet.

Dans le pays, on remarquait, depuis quelque temps, la douceur du volcan et son silence; c'est à peine si on voyait paraître, à des heures très claires, le panache habituel. Était-ce une simple coïncidence? Nous apprîmes bientôt que, précisément à cette époque, dans une autre partie du monde, un autre volcan s'était rallumé et que la « Montagne Pelée » commençait sa terrible éruption.

Quant aux éruptions de l'Etna, il faut interroger avec insistance les habitants de la montagne pour obtenir d'eux quelques détails. On croirait, pourtant, qu'ils ne peuvent penser à autre chose : le sol n'est qu'une immense coulée de lave; il est tourmenté, heurté, concassé et noir comme un déblai de mines; la végétation si puissante, la verdure, les fleurs, ne parviennent pas à l'égayer. Les constructions sont noires, les clôtures des jardins sont noires, les chemins sont noirs; les rochers, pareils à des blocs de charbon entassés ou suspendus les uns auprès des autres ou au-dessus des autres, se bousculent et se précipitent, en une catastrophe noire, jusque dans la mer. On dirait qu'il n'y a pas de place, ici, pour l'homme et qu'il n'a qu'à fuir ces tristes lieux. Et pourtant, il vit, il pullule, il aime cette terre lugubre; il en a fait la terre la plus fertile du monde; il travaille, il rit, il chante, il a tout oublié.

Ces hommes ont oublié qu'en 1669, sans remonter au delà, les monts Rossi, sur lesquels nous sommes précisément, ont surgi soudain du sol, et que le pays tout entier fut couvert de lave et détruit. Ils ont oublié qu'en 1693 il y eut une catastrophe complète, tremblement de terre, émanations méphitiques, incandescence effroyable, chute de cendres, de flammes et de roches, que quarante villes et villages furent détruits et que 100.000 personnes périrent. Ils ont oublié que, rien que dans le dernier siècle, dix-neuf éruptions se sont produites; qu'en 1883 la montagne s'est ouverte, après un tremblement de terre et avec un craquement épouvantable; qu'en 1886 elle recommença et qu'elle perça, à ses pieds, un cratère nouveau qui vomissait, avec un bruit de tonnerre, les vapeurs, la fumée, la flamme et la cendre, tandis qu'un torrent de lave fondue coulait vers la mer. Ils ont oublié qu'en 1892 un autre cratère s'ouvrit, reproduisant les mêmes scènes et les mêmes ruines.

Cette ville de Nicolosi, que nous venons de traverser, a vu, il n'y a pas vingt ans, la lave toute flambante s'avancer vers elle. Le torrent coulait à une vitesse de cinquante mètres par heure. Les arbres, les murs, les maisons, tout succombait. En vain, on multipliait les neuvaines dans les églises; en vain, on invoquait les saints des Altarelli. La population désespérée se décida au départ. L'évêque en tête, le peuple, portant les statues du Christ, de la Vierge, celles des saints du pays, les bannières sacrées, les objets précieux que chacun pouvait enlever, se mit en marche et, formant un long cortège, se dirigea vers Catane. Les prières ne cessaient pas; l'évêque de Catane tendit, du côté de la coulée de lave, le voile de sainte Agathe. Après treize jours d'une anxiété affreuse, l'éruption s'arrêta; la lave s'était détournée, juste aux premières maisons de Nicolosi.

La population est revenue. 1886, 1892, c'est de l'histoire ancienne; la lave à peine refroidie est utilisée. On découvre les coins de bonne terre qu'elle a laissés; ils n'en sont que plus fertiles. Les jardins escaladent la montagne, les familles s'accroissent, les villes, les villages se multiplient, se touchent, ne forment plus qu'une longue rue noire et grouillante. La densité du peuplement est de 600 au kilomètre carré. Un tel chiffre n'est atteint que dans de rares régions, autour des usines, en Belgique et en Angleterre.

Et c'est qu'en effet l'Etna, avec sa cheminée fumante et flamboyante, n'est plus, pour l'homme moderne, qu'une immense usine. Les chances d'un accident ou d'une explosion ne sont pas beaucoup plus à craindre que dans toute autre manufacture. Ce que l'homme trouve ici, c'est une machine de production sans pareille, mise à sa disposition par la nature. Le calorique que l'usinier du Nord va chercher dans les entrailles de la terre, il est projeté, ici, par la munificence du volcan : ce fourneau gigantesque vaut mieux qu'une mine. La lave étendue sur le sol distribue la chaleur solaire accumulée et épargnée depuis la création au sein de la montagne bienfaisante. La catastrophe, la ruine, le meurtre, c'est l'exception; la règle, c'est la fécondité, la joie, la vie. Puisque nous escomptons le profit, nous acceptons le risque. Qu'on nous laisse, nous ne voulons pas penser aux éruptions.

Ainsi, la montagne a perdu son mystère sacré. En même temps qu'elle a dépouillé le manteau de forêts qui la couvrait autrefois, elle a laissé la légende antique s'effacer de la mémoire des hommes.

Jadis, l'Etna était un dieu. Tout autour de lui, des sanctuaires s'élevaient pour l'adorer et le contempler. A Nicosie, à Égyre, à Enna, à Caltagirone, les autres dieux, Cérès, Pluton, Proserpine, Hercule, Esculape, lui faisaient comme un cortège d'honneur. On voulait, par une contemplation perpétuelle, par la supplication de tout un peuple, les mains levées, apaiser sa colère.

Partout, à vingt lieues à la ronde, sur les hauteurs, sur les collines, sur les montagnes, des autels, des temples étaient dressés et tournés vers lui. Il était, lui-même, un autel magnifique et terrible dont la fumée montait sans cesse vers le ciel. Aujourd'hui, un peuple de maraîchers pullule à ses pieds ; les *agrumes* ont envahi son flanc respectable ; l'éructation de sa fureur fournit un excellent engrais.

... Asseyons-nous sur les gradins du théâtre de Taormine : c'est de là qu'il faut voir l'Etna ; c'est là aussi qu'il faut essayer de comprendre l'âme antique. Cette terre offrait un spectacle sans pareil : admirable de partout, il était complet, vu d'un point unique, déterminé par la nature. A une distance suffisante de la montagne, un rocher s'élève à pic au-dessus de la mer ; il forme un cap qui, s'avançant sur les eaux, semble se détacher du rivage. Ainsi, la face tournée à la fois vers la mer, vers la plaine et vers la montagne, il les saisit, pour ainsi dire, d'un seul regard.

C'est cette terrasse, ce balcon incomparable que les Grecs choisirent pour y tailler, à même le rocher, un édifice destiné, s'il en fut, au spectacle, — un théâtre. Donc, dans le vaste hémicycle adossé au rocher, quinze mille spectateurs assis en plein air, sous le ciel pur, avaient, devant eux, tendu comme un rideau, ce décor : en bas, la mer bleue frangée de blanc ; plus haut, la plaine verte et les collines semées de villas, et, à l'arrière-plan, juste au milieu, comme si la nature avait voulu seconder l'effort de l'art, de la base jusqu'au sommet, tout l'Etna. Sur le flanc de la montagne, les nuances de la couleur, les jeux de la lumière, les verdures de la forêt, le velours noir des champs de lave, la pâleur de la neige, la brume des nuages, et, au-dessus encore, la sombre menace de l'éternelle fumée. Toutes les impressions se confondent et se succèdent. L'âme est à la fois soulevée et accablée, impuissante, comme l'œil lui-même, à faire un choix et à se fixer.

Et supposez, maintenant, que, dans l'édifice, tout soit disposé pour que la foule assemblée éprouve en commun ces impressions sublimes; supposez que toutes les lignes du monument, proportionnées et combinées avec un goût parfait, se dirigent vers les lignes magistrales tracées par la nature et qu'elles les accompagnent harmonieusement; imaginez les perspectives : d'abord l'hémicycle, puis la scène, les marbres, les statues, les portiques, la mer, la plaine, la montagne.

Prêtez l'oreille : dans cette enceinte sonore où la moindre modulation résonne encore et se prolonge comme un chant pur et clair, écoutez : ce sont des vers de Sophocle ou d'Euripide, c'est une comédie de Ménandre récitée par des acteurs vêtus de robes aux longs plis, tandis que la plainte du chœur les soutient et les suit... C'est ainsi que ces hommes anciens, fils de la Méditerranée, savaient comprendre la nature, goûter la vie terrestre et remercier les dieux!

Aujourd'hui, les vaches paissent sur l'emplacement des gradins détruits, et j'entends le grincement rythmé de la faucille, car on fait les foins dans les ruines du théâtre de Taormine.

LE
VÉSUVE ET POMPEI

LE VÉSUVE ET POMPÉI

A quatre heures du matin, le navire qui vient des Indes approche de la côte; nous entrons dans la baie de Naples. La pyramide du Vésuve, qui se découpe sur l'horizon couleur de perle, est mauve. La mer, à ses pieds, est d'un vert laiteux. La forme de la montagne est élégante et fine; son panache de fumée la distingue parmi les autres sommets, qui font, à l'arrière-plan, une masse confuse encore noyée dans l'ombre. A gauche, au fond de la baie, Naples commence à montrer ses maisons roses, où quelques vitres giclent sous l'éclat du soleil levant. Un vent frais fait claquer les cordages et les tentes du bateau, qui frémit et s'incline, dessinant une large courbe pour gagner le port. Sur la mer, maintenant blanche comme du lait, il laisse un long sillage noir, et les barques détachées du bord viennent vers lui comme des mouches courant à la surface de la jatte immense.

Le Vésuve se projette en avant. Tout à

coup, le soleil se montre sur son épaule ; il lance un long regard sur la baie qui s'anime et palpite soudain. Deux traits, comme deux coups de pinceau, balafrent le ciel et le peignent en jaune d'or. On voit distinctement le rivage et la ville, décidément toute rose dans le matin. La baie est vaste. La montagne, par son architecture si simple et si pure, grandit encore ses proportions gigantesques qui font paraître tout mesquin. Une longue traînée lumineuse est descendue sur la mer. On dirait que c'est celle-ci qui éclaire maintenant, tandis que les montagnes et la terre restent encore noires. Enfin, les dernières ombres se dissipent : une égale clarté s'empare de la nature. Ce n'est plus l'aurore : c'est le jour.

... Pour aller de Naples à Pompéi en voiture, il faut suivre de longs faubourgs. Lieux célèbres, quartiers affreux! Pavés abominables, villas délabrées, tanneries puantes, population grouillante et sale. En vain, une superbe matinée de printemps jette sur toute cette misère son manteau couleur de soleil. La laideur l'emporte; mais la mer est là, tout près, si belle !

Cependant, le long des rues sales, par-dessus les murailles interminables et croulantes, le profil aigu de la montagne ne nous quitte pas. Elle est toujours là, à la fois charmante et menaçante, — insidieuse. Elle nous attire et nous amène à ses pieds. Voici son œuvre : c'est Pompéi.

Pompéi était une agréable petite ville de province, avec un fond de population très ancienne, qui n'avait jamais quitté cet heureux coin de terre et qui vivait à musarder au bon soleil, parmi les fleurs et les vignes; imaginez Provins ou Fontainebleau. De proche en proche, les Romains de Rome, épris de villégiature, avaient poussé jusque-là. Ils avaient bâti, autour de la ville, quelques villas de construction légère, comme il convient pour de courts séjours d'été. Gens de goût, ils faisaient venir de Rome et même de la Grèce des bronzes, des marbres, des bibelots, des objets de prix; mais, pour la maçonnerie, la décoration, la peinture, on s'adressait aux ouvriers du cru, qui faisaient de leur mieux en travaillant sur les cartons et sur les modèles qu'ils se transmettaient de main en main dans la corporation. La vie sur cette côte oisive était tranquille, voluptueuse. Pompéi était consacrée à Vénus.

Par les rues étroites, des ombres gracieuses, mollement drapées, circulaient la nuit; dans les maisons, il y avait des coins retirés que le maître montrait en riant à ses amis; à l'extrémité de la rue principale, telle petite demeure silencieuse était connue des étrangers et n'était pas indifférente aux citadins; les gamins des faubourgs en savaient long et ils en charbonnaient de bien drôles sur les murs. L'été, quand la fraîcheur tardive prolongeait les soirées dans les atriums somnolents, on entendait des voix fraîches chanter vers la campagne la chanson du muletier : « *Amoris ignes si sentires, mulio!...* » « Muletier, si tu connaissais le mal d'amour, tu fouetterais ta mule... Allons, tape, muletier; mène-moi vite où m'attend mon amour. »

La ville était assez grande, assez régulière; elle pouvait contenir 20.000 ou 30.000 habitants. Les édifices publics étaient nombreux et, en somme, soignés; comme il convenait à une ville de plaisir, les théâtres étaient beaux, le forum spacieux, le marché vaste; il y avait une basilique, où on rendait la justice et où le peuple s'assemblait l'hiver. Le reste de la ville n'était guère que plâtras, moellons, stuc, décorations peintes; rarement de la pierre ou du marbre.

Cependant un art charmant, la mosaïque, était goûté à Pompéi : sur les murs, sur les planchers, sur les autels, sur les colonnes, une décoration lapillaire, vive, étincelante, animée, représentait les scènes de la nature, de la mythologie ou de la vie quotidienne. Les riches Pompéiens se plaisaient sous ses lambris nets, clairs et frais. En somme, tout était médiocre et menu; rien de comparable à la majesté et à la solidité de Timgad. Là-bas, en effet, c'était le trésor public qui faisait les frais et la gloire de l'Empire qui était en cause; ici, chaque particulier suivait son inspiration et proportionnait ses dépenses à ses ressources : ville de province, fortunes de province, goûts de province.

Entrons chez Vettius. La maison a été retrouvée presque intacte et facilement restaurée; tout est en place; on croirait que le propriétaire va vous accueillir lui-même. C'était un homme riche; il avait dû faire un beau mariage; car il avait exposé, dès l'entrée, un tableau où il glorifiait, très gaillardement, le point de départ de sa fortune.

Nous voilà dans la cour intérieure : ce

sont des statues, des peintures murales, des arabesques amusantes, des mosaïques gaies à l'œil; et toujours Bacchus, et toujours l'Amour. Maintenant, le péristyle : une colonnade en stuc, un jardinet tiré à quatre épingles, avec ses bordures de buis; une petite flaque d'eau dans un bassin de marbre, des statuettes représentant de jeunes Amours qui, à la façon du moderne Mannekenpis, jettent au bassin un mince filet d'eau; puis des vestibules, des galeries, une jolie salle à manger, noire et rouge, ouverte sur le péristyle. Toute une décoration gracieuse d'amours qui jouent, se battent, se réconcilient et s'embrassent; la cuisine, très vaste, avec sa batterie au grand complet; la cave, avec ses amphores de toutes tailles, et, enfin, dans un coin retiré, une chambre secrète où se retrouve, sculpté, le dieu plaisant dont l'image peinte vous accueillit déjà sur le seuil. Ce Vettius comptait parmi les personnages de la cité : c'était un épicurien.

Il fallut une catastrophe pour que cette population, destinée à vivre et à mourir ignorée, devînt illustre. Certes, les buveurs qui s'attardaient, le soir, dans la taverne de la rue de Mercure, et qui dessinaient sur le mur la caricature du soldat, avec l'inscription ironique : « Allons, cabaretier, verse-nous de l'eau fraîche », certes, ces gens-là ne se doutaient pas que leurs faits et leurs gestes indifférents allaient être surpris, immobilisés, inscrits dans l'histoire pour toujours.

Pourtant, en l'an 63 après Jésus-Christ, la ville avait reçu un terrible avertissement. Un violent tremblement de terre s'était produit. Toute la région avait souffert. A Pompéi même, plusieurs maisons s'écroulèrent ; la plupart des édifices publics furent ébranlés. Mais, comme l'événement n'eut pas de suites, on se rassura. Après un moment d'alarme, tout rentra dans le calme. On répara les édifices, on reprit la vie courante, les commerçants leur commerce, les joyeux compagnons leurs beuveries, les bourgeois leurs plaisirs et leurs disputes. On était en pleine période électorale ; on se querellait ferme ; les comités fonctionnaient ; il y avait des réunions publiques nombreuses, des manifestations dans les rues ; des affiches sur les murs. On était très animé, dans la petite ville, ordinairement paisible, quand, le 24 août 79, après plusieurs jours d'une chaleur étouffante, on vit s'élever, du côté de la montagne, un nuage d'une grandeur et d'une forme extraordinaires.

Il envahit lentement le ciel ; il paraissait tantôt blanc, tantôt noir, tantôt rouge et enflammé. Il s'arrêta, s'épaissit, fit une calotte demi-sphérique qui commença à descendre graduellement vers la terre, comme si elle voulait l'enserrer et l'étouffer. Une nuit profonde et opaque s'établit : le Vésuve lançait des flammes qui, par jets, rayaient les ténèbres. Bientôt les laves se précipitèrent avec un fracas épouvantable, le feu se répandit sur la terre ; la mer mugit et se souleva ; un vent méphitique remplit l'atmosphère ; une pluie de pierres tomba, puis une pluie de cendres. La catastrophe était déchaînée.

Elle dura trois jours. Pendant trois jours, le temps ne compta plus. On ne distingua ni ciel, ni terre, ni ombre, ni lumière. Quand le silence se fit et que le jour reparut, trois villes, Herculanum, Retina, Oplonte, étaient englouties sous un amas de lave, épaisse par endroits de quatre-vingt-douze pieds. Pompéi et Stabie, relativement épargnées, étaient ensevelies à 12 ou 15 pieds de profondeur, sous un linceul de cendres légères et de petites pierres. On calcula que, pour produire un tel entassement, le Vésuve avait dû se lancer lui-même dans les airs. L'Italie entière se ressentit de la terrible secousse. A Rome, le soleil se cacha. Des tourbillons de cendres furent emportés jusqu'en Égypte, jusqu'en Asie.

Ce fut une universelle émotion. On essaya de dégager les villes disparues; on voulait, du moins, enlever les objets d'art, les métaux précieux. Quelques coups de bêche furent donnés, quelques puits furent creusés. Mais l'effort dépassait les résultats. La contrée, dénudée, était affreuse, morte. Et puis, qui s'intéressait à une population décimée, dispersée, disparue?

Bientôt on oublia; on oublia la catastrophe, on oublia le deuil public et les deuils privés; on oublia jusqu'aux noms des cinq villes.

Il fallut un hasard pour que, seize cents ans après l'événement, le soc d'une charrue heurtant, sous terre, un pan de muraille fit découvrir Herculanum d'abord, et bientôt Pompéi. Alors, une curiosité universelle s'éveilla; on voulut connaître les moindres détails, on essaya de reconstituer toutes les phases du drame; on entreprit de déblayer Herculanum, d'abord, puis Pompéi. Des trésors artistiques furent retrouvés dans la première de ces villes. Mais, à Pompéi, ce fut mieux encore, ce fut la vie ancienne, elle-même, saisie, et comme moulée dans la soudaineté de la catastrophe, qui reparut et qui reparaît chaque jour. Ce qui fut, ce qui reste étonnant et unique, c'est le geste de la vie arrêté, interrompu, et ressaisi, tel qu'il était au moment même où il fut suspendu.

Voilà le boulanger qui blutait sa farine, voilà le foulon qui battait son drap, voilà la ménagère qui allait au marché, voilà cette famille qui s'était réfugiée dans les caves solides de la maison de Diomède ; ils étaient dix-sept, ils sont tous morts. La cendre les enveloppe de son moule durci et le plâtre, coulé dans ce moule, reproduit aujourd'hui exactement leurs traits ; voilà la jeune fille qui fuyait, elle avait relevé ses vêtements ; le vent la pousse, elle tombe et reste morte, à demi dénudée : et l'on voit, après dix-sept siècles, la forme et la physionomie d'une délicieuse enfant ; voilà le chien qu'on n'eut pas le temps de détacher et qui hurla, jusqu'à la mort, en tirant sur sa chaîne ; voilà le banquier qui s'attarda à ramasser son argent ; il périt au moment où il quittait sa riche maison, et son commis, qui portait la forte somme, est mort auprès de lui ;

on a retrouvé l'or, les comptes, le commis, le banquier et, enfin, le buste de celui-ci, en marbre et d'une réalité si criante, qu'il est là, comme présent, lui-même, dans sa maison.

Les choses se passèrent probablement comme à Saint-Pierre de la Martinique. Il y eut étouffement et empoisonnement subits; la pluie de cendres ne vint qu'après. Seulement il n'existait pas, à Pompéi, une commission scientifique, chargée de rassurer la population; nombre des habitants s'enfuirent vers la mer et purent échapper au désastre. Quelques centaines seulement, attardés pour des causes diverses, restèrent sur les lieux et moururent.

Dans dix-huit cents ans, éprouvera-t-on, à Saint-Pierre, la tragique et émouvante impression d'actualité que donne, aujourd'hui, la visite de Pompéi? Là-bas, plus qu'à Pompéi peut-être, la nature, si puissante, reprendra vite ses droits. L'accident humain est tellement imperceptible, dans le branle universel du monde, qu'il ne touche guère que ceux qu'il frappe. Les générations des hommes se succèdent, indifféremment abondantes ou rares, à peine nées qu'elles sont mortes.

Après dix-huit cents ans, sur cette côte, au

pied de cette montagne qui n'a pas cessé de gronder, ce sont les mêmes hommes, avec les mêmes goûts, les mêmes mœurs, la même philosophie joviale et terre à terre que la nature leur dicte. C'est la même vie, ce sont les mêmes plaisirs, les mêmes amours, les mêmes haines, les mêmes passions électorales, les mêmes affiches ; c'est la même application à des œuvres éphémères, le même désir d'étonner les amis et les étrangers par les mêmes arrangements ingénieux, les mêmes peinturlurages et les mêmes caricatures ; ce sont les mêmes cultes, les mêmes superstitions, les mêmes croyances fugaces, la même insouciance, la même ironie légère et à fleur de peau, le même appétit, — si violent et si vite rassasié, — de ces instants fugitifs dont se compose la vie.

Pompéi est sous terre; mais elle s'est reproduite d'elle-même et, comme une plante qui repousse, sur le tas de cendres refroidies où elle était cachée. Le vieux gardien des ruines qui m'accompagnait me le disait sagement, en découvrant les scènes légères peintes dans le coin le plus secret de la maison de Vettius : « Ah! Monsieur, les hommes seront toujours les mêmes. »

PORTS FRANÇAIS

PORTS FRANÇAIS

I

Marseille

ET LES GRANDS CHEMINS DU MONDE

[Discours prononcé au banquet du 25ᵉ anniversaire de la Société de Géographie de Marseille, le 27 mai 1902.]

Messieurs,

C'est une grande hardiesse de parler de géographie devant vous, devant cette Société de Géographie de Marseille, réunie solennellement pour fêter le vingt-cinquième anniversaire de sa fondation. Voici vingt-cinq ans, comme vient de le rappeler votre éminent Président, voici vingt-cinq ans que vous étudiez toutes les questions géographiques et coloniales qui peuvent surgir de par le monde; voici vingt-cinq ans que vous interrogez, au passage, tous les voyageurs qui rentrent en France et que vous vous faites raconter, dès l'abord, par eux, ce qu'ils ont vu dans les pays étrangers. Vous restez, d'ailleurs, ce faisant, dans les traditions de vos ancêtres. N'est-ce pas de nos pères, en effet, que César a dit : « Ils arrêtent les voyageurs et les marchands, les retiennent et veulent savoir par eux d'où ils viennent, ce qu'ils ont vu, ce qui se passe, ce qu'on dit, et ils recueillent avidement de leur bouche toutes les nouvelles, tous les bruits et les rumeurs qui circulent au loin » ?

De même, à l'heure présente, les survenants vous doivent leur tribut, et, comme, en fait, tout ce qui circule sur le globe finit par aboutir à Marseille, on peut dire sans une exagération excessive — n'est-il pas vrai ? — que le monde n'est, au point de vue géographique, que le champ d'action un peu vaste de la « Société de Géographie de Marseille ».

Vous jouissez donc, Messieurs, d'une autorité sans seconde. Mais permettez-moi d'ajouter immédiatement que vous la devez, non seulement à votre science et à votre compétence, mais aussi à une qualité précieuse entre toutes, reconnue depuis longtemps à votre ville, le sens et le goût de l'hospitalité. Je n'en veux prendre qu'un témoin, mais c'est le plus charmant de tous, Mme de Sévigné.

Quelles belles choses elle dit de Marseille. Elle ne tarit pas sur le bon accueil qu'elle y reçoit, sur les fêtes, les violons et surtout les bons repas : « J'ai été à la messe à Saint-Victor avec l'évêque; de là, voir la Reale et l'exercice, et toutes les banderoles, et des coups de canon, et des sauts périlleux d'un Turc; enfin, l'on dîne. Et après le dîner, me voilà sur le poing de Monsieur de Marseille à voir la citadelle et la vue qu'on y découvre, et puis sur le port, et puis souper chez ce prélat où il y avait toutes sortes de musique ». On dîne, on soupe; on soupe, on dîne : l'eau en vient à la bouche. Que serait-ce, si nous assistions, avec la gourmande marquise, aux « grands et bons soupers maigres », et aux « dîners gras à perfection » sur lesquels elle s'extasie?

Mais, au fait, vos hôtes sont toujours aussi bien traités : la tradition s'est conservée. Les voilà ces dîners exquis. La voilà cette hospitalité royale qui n'a pas dégénéré pour être devenue républicaine. Marseille est toujours Marseille, vous êtes toujours aussi empressés, alors même que vous n'avez pas à compter sur les remerciements immortels de la marquise et que vous devez vous contenter au dessert, d'une bien maigre chère d'éloquence.

Que vous dire, en effet, que vous ne sachiez et que vous ne soyez prêts à dire mieux que personne? Nous venons d'entendre votre Président, et nous sommes encore sous le charme.

Voici M. le général Metzinger qui en aurait long à dire s'il entreprenait seulement de nous raconter ses campagnes et ses belles actions. Et c'est au milieu d'un tel auditoire que je me lève, ayant autour de moi tout ce que cette illustre métropole compte de noble, de grand, d'utile, tant de science, tant de dévouement, tant de services rendus au pays.

Et où trouverais-je un sujet qui soit digne d'un tel auditoire, si je ne le prenais dans votre œuvre même, et si je ne m'efforçais d'apporter ici, non le tribut d'une science qui me manque, non le récit de découvertes que je n'ai pas faites et de voyages que je n'ai pas accomplis, mais une gerbe glanée sur votre propre domaine? Marseille étant située en un lieu unique au monde, Marseille étant, ou peu s'en faut, la plus vieille, en même temps que la plus jeune, des villes méditerranéennes, Marseille étant la fleur et l'ornement de notre chère France et l'ayant précédée et accompagnée dans les phases diverses de son histoire, n'est-ce pas un sujet qui s'offre à l'esprit que de rechercher devant vous, à l'occasion de cet anniversaire, les lois qui ont régi, qui régissent encore votre grandeur, et les rapports qui se sont établis entre elle et la prospérité du monde? N'est-il pas exact de dire que votre ville et son port fameux ont toujours suivi le mouvement de la civilisation et notamment de la civilisation méditerranéenne? Et, en conséquence, n'est-il pas naturel de penser qu'au moment où des modifications profondes se produisent dans les relations géographiques et économiques du globe, l'avenir de Marseille y est, en quelque sorte, suspendu?

Rien de grand ne s'est fait dans le monde, sans que le nom de Marseille n'y soit mêlé. Au bout de l'histoire, dans les temps obscurs sur lesquels quelques mythes et de rares monuments nous renseignent seuls, on devine une première expansion colonisatrice et civilisatrice, c'est celle des Phéniciens. Leur Hercule ouvrit, sur l'Océan, les portes de la Méditerranée. Or, en même temps qu'il fondait Gabès, il venait ici; car on a retrouvé, dans votre sol, cette vieille inscription phénicienne, témoin muet des âges que l'on ne peut que deviner. Il y avait donc une Marseille antérieure à Marseille! Et c'est pure modestie, si vous ne réclamez que vingt-cinq siècles d'une histoire bien établie, alors que vous pourriez bénéficier de l'attrait mystérieux d'une origine fabuleuse!

Les premiers des géographes et des explorateurs, vos vénérables prédécesseurs, Messieurs, c'est ce Pythéas qui découvrit et explora les côtes de l'Europe septentrionale, et c'est le légendaire Euthymènes qui parcourut, dit-on, les eaux de l'Atlantique.

Quand Rome engagea la lutte séculaire de l'Europe contre l'Afrique, elle appela Marseille à l'aide et, dans cette première phase du duel méditerranéen, Marseille ne lui manqua pas. Mais quand l'Empire fut en jeu et que César se mesura avec Pompée, il dut, pour en finir avec l'indépendance républicaine, assiéger et prendre Marseille. La prospérité de Marseille souffrit de l'asservissement du monde, et elle n'eut d'autres moyens que de chercher dans le repos des lettres et des arts une gloire que son passé avait demandée, de préférence, à l'action.

Ainsi, l'histoire de la Marseille antique résume toute l'histoire de l'antiquité. Marseille, fille de Tyr, fille de la Grèce, rivale de Carthage, alliée de Rome, émule d'Athènes, est, peu s'en faut, sur le rang de ces glorieuses cités.

Mais, par la prudence elle survit, tandis que la plupart d'entre elles succombent, et quand une nouvelle phase de l'histoire s'ouvre, quand, après l'invasion des Barbares, le moyen âge commence, Marseille est encore debout, déjà prête. C'est l'époque où un immense souffle de foi emporte vers l'Orient les foules occidentales. Marseille affrète ses navires, ouvre au vent les voiles de ses flottes, tend les muscles de ses rameurs et elle transporte ces foules qui vont combattre, prier, mourir auprès du sanctuaire mystique qu'est, pour elles, le tombeau du Christ.

A la suite de ces mouvements des peuples, un grand mouvement d'affaires se produit. Le premier coup de barre définitif est donné d'Occident en Orient.

Le « Commerce du Levant » s'organise. Tandis que les villes italiennes, Gênes, Pise, Venise, apparaissent surtout comme les héritières de Byzance, Marseille, revenant vers ses origines, jette son dévolu sur la Syrie et y prépare les voies de l'influence séculaire que la France doit y exercer. C'est une nouvelle époque de prospérité et votre port voit passer ou, pour mieux dire, fait passer les compagnons de Richard Cœur de Lion et de saint Louis sur ses nefs longues de trente mètres, pouvant embarquer jusqu'à 1.500 passagers.

Mais d'autres événements se succèdent.

D'une part, la conquête musulmane l'emporte : elle domine l'Orient de la Méditerranée ; les chemins du monde sont barrés de ce côté. En même temps, un coup de balancier prodigieux se produit dans le développement de l'histoire universelle. Il existe, en effet, comme un rythme puissant qui scande les différentes phases de la vie de l'humanité à la surface du globe : ou, plutôt, on dirait que la civilisation se retourne parfois, d'un seul coup faisant face tantôt à l'Est, tantôt à l'Ouest. Cette fois, c'est l'Occident qui l'emporte. La découverte du cap de Bonne-Espérance, la découverte de l'Amérique par un Ligure, Christophe Colomb, portent un coup terrible à la prospérité méditerranéenne.

Pour ce double motif, les voies de l'Orient sont momentanément abandonnées.

Marseille périclite. Tant il est vrai que la loi de son histoire est jointe, en quelque sorte, à la loi même de la civilisation. Mais, malgré la gravité de la crise, vos armateurs et vos marins ne se découragent pas. Ils luttent, ils cherchent d'autres sources de profit.

Par une ingénieuse prescience de l'avenir, ils ouvrent, non loin de vous, des voies nouvelles. Ils dirigent leurs efforts de l'autre côté du corridor méditerranéen. Ils fondent « le Bastion de France ». Ils reprennent dans l'héritage des Normands, le commerce du Sénégal et de la Côte d'Ivoire, et esquissent ainsi les premiers linéaments d'une politique sur laquelle vous me permettrez d'insister tout à l'heure : la politique africaine.

Cependant les temps s'améliorent. L'expansion turque dans la Méditerranée est contenue. François Ier signe les capitulations. Les chemins de l'Orient se rouvrent. Les villes italiennes ont péri dans le cataclysme économique qui marque la fin du moyen âge. Mais Marseille survit encore, et c'est elle qui profite des événements nouveaux. Elle est la reine de la Méditerranée. Sa Chambre de Commerce est un véritable gouvernement ; elle entretient des consuls et des ambassadeurs, traite avec les souverains, subventionne des États. Le port jouit d'une franchise habilement mesurée. L'action de Marseille se caractérise très nettement dans les trois directions qui correspondent aux trois grands courants du commerce moderne : d'une part, vers le Levant ; d'autre part, vers les Antilles et l'Amérique, et, enfin, en suivant la grande ligne transversale qui prend une importance croissante, vers l'Afrique.

Après les guerres de la Révolution et de l'Empire, la Méditerranée semble perdue pour la France ; notre empire colonial est ruiné. Nouvelle chute pour le commerce marseillais. Le port se défend avec peine, il suit lentement la prodigieuse transformation que l'application de la vapeur va produire dans les transports et notamment dans les transports maritimes.

Cependant, dans la lutte contre la conquête musulmane, un événement décisif se produit par l'occupation de l'Algérie. En outre, un nouveau coup de barre est donné dans la marche générale des affaires du monde ; par la volonté puissante de Lesseps, le canal de Suez est creusé. Les deux faits sont spécialement favorables à Marseille. Et c'est alors que se produit le mouvement ascensionnel décisif qui met votre ville hors de pair et qui lui assure cette couronne commerciale que, par vingt-cinq siècles d'efforts, elle avait méritée.

Permettez-moi d'emprunter à l'un des vôtres le tableau de ce progrès magnifique : « Marseille a vu passer, en soixante-dix ans, la surface d'eau de ses ports de 23 hectares à 172 hectares, le tonnage des navires entrés et sortis de 800.000 tonnes à 10 millions de tonnes, son industrie et son commerce grandir au point d'occuper et de faire vivre une population quadruple. Pour un pareil progrès, un âge d'homme a suffi ! »

Ce progrès s'accentue jusque vers 1886. Mais tout à coup, il s'arrête, il hésite. Tandis que les ports rivaux continuent à prospérer, Marseille ne se sent plus animé du même élan. Les plaintes s'élèvent, on signale le mal ; on cherche les remèdes. Les premières mesures ne suffisent pas. Que s'est-il donc passé ?

Voici la question qui se pose de toutes parts, et, Messieurs, ici comme partout, avec le prompt esprit de généralisation et de découragement propre à la race française, on n'entend qu'un seul mot qui exagère, en prétendant l'expliquer, la surprise générale : « La France est en décadence ».

Quelques années d'interruption, dans un progrès vingt-cinq fois séculaire, et les prophètes de malheur annoncent la ruine irrémédiable, totale et prochaine.

Hâtons-nous d'ajouter que le mal tend à se réparer. Le chiffre de dix millions de tonnes est notablement dépassé. L'élan paraît repris. Cependant l'avertissement a été trop grave pour que nous fermions les yeux.

Posons-nous donc de nouveau la question : Que s'est-il passé ?

Ah ! je n'ignore pas les explications partielles, toutes plus ou moins fondées, je l'avoue, qui ont été données : vote des tarifs protecteurs, insuffisance des voies ferrées, haut prix des constructions navales, conflit entre les constructeurs et les armateurs au sujet de l'application de la prime et des droits de compensation, entraves diverses apportées à la liberté du commerce... toutes ces causes, encore une fois, ont leur part de réalité et chacune pourrait être corrigée ou atténuée par des améliorations particulières et par une législation meilleure. Mais comment oublier, d'autre part, un fait capital qui s'est produit depuis quelques années et qui suffirait, à lui seul, pour expliquer la mollesse relative du mouvement maritime dans un port qui, comme toute son histoire le prouve, est éminemment sensible aux modifications et aux transformations qui se produisent où que ce soit dans le monde.

Ne devons-nous pas constater que c'est précisément vers les années qui marquent un temps d'arrêt dans la progression ascendante de vos affaires que s'est passé un fait considérable qui donna un coup de balancier nouveau dans le commerce international, à savoir la mise en exploitation de la ligne du Saint-Gothard ? Soyons plus francs encore : débridons la plaie, puisqu'aussi bien elle existe, et disons que cet événement, si considérable qu'il soit, n'était qu'un prodrome, et qu'en ce moment même, d'autres grands faits s'accomplissent qui paraissent devoir produire des effets analogues.

On dirait, en effet, que le monde se retourne une fois encore. Mais, cette fois, ce n'est plus sur des mers nouvelles qu'il dirige ses regards ; c'est plutôt vers les continents qu'il cherche son nouvel équilibre. Ne nous y trompons pas ; la période qui commence sera surtout l'époque des voies ferrées. Récapitulons plutôt : après le Saint-Gothard, c'est le Simplon qui va bientôt s'ouvrir, multipliant, en partie, en territoire français, la plus dangereuse des concurrences. Une autre concurrence autrement redoutable est déjà un fait accompli, et bientôt vous en ressentirez les effets.

Le transsibérien met désormais l'Extrême-Orient, la Chine, le Japon à dix-huit jours de l'Europe. Comment les compagnies de navigation vont-elles s'organiser pour soutenir la lutte ? C'est un problème dont il faudrait connaitre tous les éléments, mais qui se pose désormais.

Et ce n'est pas tout encore. Les pays du centre cherchent, à leur tour, des moyens rapides de communiquer avec l'antique Asie. Tout un système de canalisation et de voies ferrées s'achève le long du Danube : il a pour prolongement naturel le chemin de fer dont la concession vient d'être obtenue, qui franchit le Bosphore et qui, de là, pénètre directement à travers la Mésopotamie, jusqu'à Bagdad, jusqu'au golfe Persique, et aux Indes. Si bien que, ces travaux une fois achevés, deux voies ferrées nouvelles, l'une au nord, l'autre au centre du continent asiatique, réunies à leur extrémité par le vaste réseau chinois, concurrenceront la voie du canal de Suez, qui a été un facteur si puissant de votre prospérité.

Le mal est-il sans remède? Faut-il laisser tomber les bras et se résigner à ce que l'on ne peut empêcher? Ce serait peu vous connaître que de vous tenir un tel langage. Un coup de barre nouveau vient d'être donné, c'est vrai : mais, est-ce que d'autres coups de barre ne peuvent pas rétablir l'équilibre? Interrogez votre histoire; elle répond pour vous.

Quand, au xvie siècle, des événements analogues se produisirent et que, momentanément, les portes de l'Orient vous furent fermées, vos armateurs et vos marins, après une courte période d'hésitation, ont cherché ailleurs l'emploi de leur inlassable activité. Ils l'ont trouvé, je vous le rappelais tout à l'heure; ils l'ont trouvé notamment sur cette terre d'Afrique, si voisine de vous. Ils ont suivi ce méridien qui réunit Paris, Marseille, Alger. Ils ont fondé le « Bastion de France ». Ils ont développé le commerce du Sénégal et de la

Côte d'Ivoire. Or, on dirait que ces événements vont se reproduire, mais dans une tout autre proportion. L'Afrique, si proche de vous, jette subitement son bloc énorme dans la balance commerciale universelle. Une large et rapide conquête l'a mise à votre disposition, au moment décisif. D'Alger à Tombouctou, de Tombouctou au Tchad, d'une part, et au Sénégal, d'autre part, du Tchad au Congo, voilà le domaine qui vous est réservé. Marseille n'a qu'à le vouloir, et elle sera incontestablement la capitale européenne de ce vaste empire africain.

N'est-il pas évident, en effet, que rien ne doit se faire désormais, en terre d'Afrique, dans l'Afrique française, sans que Marseille y soit directement intéressée? Pas une grande entreprise à laquelle vous ne deviez votre collaboration; pas une œuvre où l'on ne retrouve votre marque. C'est là que vos enfants feront leurs premiers pas, leurs premières armes; c'est là que vos capitaux doivent avoir leur emploi.

A la politique des voies ferrées, opposez la politique des voies ferrées. Si l'on construit des chemins de fer en Asie, construisez des chemins de fer en Afrique, ne vous effrayez ni des longs desseins, ni des vastes pensées. Envisagez l'avenir. Préparez en hâte les lignes de navigation qui franchiront en quelques heures la Méditerranée, qui rattacheront de plus en plus à votre port ces magnifiques répliques de Marseille : Alger, Oran, Philippeville, Tunis, échelonnées sur la côte africaine et qui, ayant à leur tour, dans l'hinterland, leur développement naturel par les chemins de fer, iront fouiller l'Afrique mystérieuse pour y rechercher les éléments encore inexploités de votre future prospérité.

Et ce n'est pas tout. Si l'Orient ouvre au commerce des voies nouvelles, l'Occident en ouvre de nouvelles à son tour. Combien de temps faudra-t-il pour que le problème de l'isthme de Panama, si audacieusement posé, si malheureusement abandonné par nous, soit résolu ? On peut s'en rapporter à l'esprit d'entreprise des Américains. Avant dix ans, peut-être, ce sont des pays immenses, riverains de l'océan Pacifique, les Républiques occidentales de l'Amérique du Sud et de l'Amérique Centrale, le Mexique et la Californie qui seront rapprochés étonnamment de la vieille Europe. L'Extrême-Orient, la Chine, le Japon profiteront aussi de cette grande transformation. Tandis qu'ils s'organisent et s'outillent à leur tour, tandis que notre Indo-Chine prend déjà la figure d'un empire parmi ceux qui s'échelonnent sur les rivages de l'océan Pacifique, on travaille, soit par la terre, soit par la mer, à les mettre en contact direct avec l'Europe. Et voilà, Messieurs, les perspectives nouvelles qui s'ouvrent devant vous.

Qui ne le voit? l'activité humaine à la surface du globe va se décupler. Le vingtième siècle sera le fils accru et développé, jusqu'au colossal, du dix-neuvième siècle déjà si grand. Est-ce le moment de désespérer et d'abandonner les rames? Tout au contraire. Dans cet universel labeur, tout le monde doit avoir sa part et, dans la distribution finale, chacun, selon ses œuvres, aura sa récompense. Est-il naturel de penser que des pays comme la France, que des villes comme Marseille qui ont ouvert la marche vont, quand le but s'approche, s'asseoir découragés sur le bord du chemin?

Non, Messieurs. Mais que faut-il maintenant? Ne cherchons pas à nous le dissimuler, il faut du sérieux, beaucoup de ténacité et un prodigieux effort. L'heure est décisive. Je m'adresse à tous. Je m'adresse notamment à la jeunesse. Qu'elle ceigne ses reins. Qu'elle soit prête. Ceux qui s'en vont leur laissent de nobles exemples, des capitaux immenses, un crédit intact. Rien n'est compromis. Tout est prêt, mais il n'y a pas de temps à perdre.

Marseille, qui a dans son rayon d'action une autre métropole, non moins active et non moins vénérable, Lyon, Marseille, qui a dans son voisinage ces admirables montagnards du Dauphiné qui, par l'exploitation de la houille blanche, créent en ce moment de si grandes choses, Marseille est notre principal champion dans les tournois qui se préparent et qui ont, désormais, toute la planète pour champ clos. C'est sur vous que nous faisons reposer nos plus chères espérances. N'hésitez pas à demander au pays les armes dont vous avez besoin. S'il le faut, on doublera les lignes qui apportent vers vous le trafic du Nord, on fera du Rhône le canal de Marseille, on accordera même, s'il y a lieu, à votre port, cette franchise partielle considérée, maintenant, comme une panacée. Parlez, réclamez, frappez ; on vous ouvrira.

Mais, par contre, ne nous faites pas défaut. Marseille est la façade de la France sur les grands chemins du monde. Qu'elle attire de loin le voyageur. Renouvelez sans cesse ce matériel qui, par une loi fatale du progrès, s'attarde toujours; perfectionnez un outillage qui ne sera jamais complet; développez encore votre industrie déjà si prospère; embellissez votre ville. Réunissez vos ports nouveaux à votre gare par les travaux qui sont d'ailleurs prévus. Élevez des monuments, des hôtels, des quartiers qui fassent, de Marseille, non seulement, comme elle l'est déjà, la plus charmante et la plus hospitalière des villes, mais aussi la plus spacieuse et la plus confortable. N'oubliez pas qu'aujourd'hui, les distances comptant de moins en moins, c'est l'importance des marchés qui décide, et que le commerce se fixera de plus en plus dans les endroits où les hommes aiment à se rencontrer.

Aidez votre climat, qui vous aide tant, et faites en sorte que le navigateur, le voyageur, le commerçant, attiré vers nous par un charme incomparable, aspire de loin, à l'heure où il débarquera sur les quais magnifiques, bordés de monuments dignes de votre haute origine, et où il trouvera, avec l'activité des affaires et la facilité du travail, les délicieux moments pour lesquels l'homme vit, pour lesquels il peine, et qui le rappellent toujours comme vers une seconde patrie, aux lieux où il les a une seule fois goûtés.

Ces moments, Messieurs, on les trouve si naturellement auprès de vous, qu'on s'attarde à vous entretenir. On abuse de vous, même en vous parlant de vous. Excusez-moi d'avoir retenu si longtemps votre attention. Votre accueil est responsable de votre fatigue ; mais votre indulgence saura l'oublier pour ne se souvenir que des vœux si cordiaux et si sincères que je forme pour l'avenir de Marseille et pour l'avenir de votre belle Société.

L'avenir de Marseille.

I

S'il est une ville, en France, qui semble faite pour connaître les longues années de prospérité économique sans nuage, s'il est une ville où les heures paraissent devoir couler, douces et prospères, toujours pareilles à elles-mêmes, c'est Marseille.

Son histoire séculaire témoigne dans ce sens. Marseille est, par excellence, la ville qui ne meurt pas.

Dès qu'il y eut des peuples navigateurs dans la Méditerranée, ils fondèrent Marseille. Marseille est l'aînée de toutes les grandes villes subsistantes et, depuis des siècles, malgré les transformations qui se sont produites dans les affaires du monde, qu'il s'agisse de l'antiquité ou des temps modernes, de l'unité romaine ou de la dislocation féodale, qu'on navigue à la rame, à la voile ou à la vapeur, qu'on se tourne vers l'Orient, ou vers l'Occident, qu'on vise la

Chine, le Japon, les Indes, l'Océanie, l'Afrique ou l'Amérique, qu'on double de nouveaux caps ou que l'on perce les vieux isthmes, que l'hégémonie maritime appartienne aux Phéniciens, aux Grecs, aux Italiens, à l'Espagne, au Portugal, à la Hollande, à l'Angleterre, Marseille tient bon, toujours prête, toujours alerte, nécessaire à tout le monde, intermédiaire indispensable à toutes les activités, se transformant selon les âges et les circonstances, agrandissant sans cesse ses bassins pour suffire aux besoins du travail international décuplé.

Cette destinée de notre port méditerranéen est si manifeste qu'elle s'inscrit, en quelque sorte jusque dans la physionomie de la ville, de sa population et dans les conditions de son existence. Ce paysage incomparable, à la fois fier et familier, ce soleil luisant, ce climat venteux et parfumé, ce je ne sais quoi de vif, de prompt, de passant qui fait toute la vie marseillaise, ce va-et-vient, cette diversité des allures, des visages et des costumes, cette familiarité cordiale, cette joyeuse humeur, cette activité sans peine et cette puissance sans effort, tout contribue au charme pénétrant, fort et fin, que l'on ne rencontre nulle part ailleurs et qui attire, attache, retient les survenants.

Pourquoi faut-il que cet ensemble délicieux soit attristé, aujourd'hui, par de sombres réalités, et pourquoi faut-il — à moins de s'aveugler volontairement, — reconnaître que Marseille entre dans une période critique ? Je n'aurais pas le courage de m'arrêter devant ces sombres perspectives, si je ne croyais devoir signaler le mal, pour appeler vers la grande ville méditerranéenne — gloire et honneur du génie commercial français — la préoccupation attentive de ceux qui s'intéressent à l'avenir du pays. Marseille n'appartient pas seulement aux Marseillais; Marseille appartient à la France.

Faisons d'abord l'inventaire de ses misères : peut-être pourrons-nous envisager ensuite quelque moyen d'y porter remède. Marseille souffre, d'abord, des maux dont souffrent l'industrie et le commerce modernes, et dont souffrent, en particulier, la France et le bassin méditerranéen : concurrence des peuples nouveaux qui entrent successivement en ligne, jouant des coudes et se faisant place, brutalement au besoin ; complexité, de plus en plus grande, des rapports commerciaux en raison de la variété des tarifs et de la condition des transports ; diminution du fret par l'abréviation des distances, due aux améliorations apportées à la construction moderne des bateaux ; intervention, dans la Méditerranée, des puissances du Nord qui, habituées à un travail plus large et plus rude, ont troublé, de leur offensive vigoureuse, la quiétude un peu endormie des vieilles populations latines.

Mais Marseille souffre de maux particuliers, et ceux-ci demandent une attention toute spéciale, parce qu'ils comportent l'intervention efficace des populations intéressées et des pouvoirs publics.

Marseille se plaint, tout d'abord, comme tous les ports de France, des conséquences du protectionnisme. On ne peut nier, en effet, que le système de tarifs dont l'effort tend surtout à sauvegarder la production et le marché intérieurs doive avoir nécessairement pour effet de diminuer l'activité des ports qui sont les entrepôts naturels du commerce international. D'autre part, les coups portés à la marine marchande par les droits qui frappent les fers, les bois, qui surélèvent les prix et la main-d'œuvre, ont, certainement, les mêmes conséquences fâcheuses.

Quelle que soit la vivacité des polémiques engagées autour de ce dilemme toujours pendant : protectionnisme ou libre-échange, il semble bien que l'heure n'est pas venue, pour la France, d'envisager l'abandon du régime actuel qui se résume, dans ses grandes lignes, en deux mots : *tarifs compensateurs* avec *traités de réciprocité*.

Cette heure ne paraît pas venue, parce qu'autour de nous ce même système, loin de perdre du terrain, paraît en gagner au contraire. L'Allemagne vient d'élaborer un tarif douanier, étudié jusque dans ses moindres détails, qui s'inspire du protectionnisme le plus intransigeant, et qui, si nous n'y prenons garde, sera, pour nos tarifs vieillis et attardés, ce que le fusil à aiguille a été, comparativement aux armes antérieures, lors de la bataille de Sadowa. Quant à l'Amérique elle proclamait encore, hier, par la voix du président Roosevelt, le maintien énergique du système des tarifs. Au moment où la terreur des *trusts* et des *cartels* plane sur le monde, qui osera se livrer, sans défense, à la terrible agression des peuples nouveaux si puissamment organisés ?

On parlait, hier, « d'un premier désarme-

ment » prodrome d'autres désarmements
— faciles à acclamer. Il faudrait, cependant,
jeter les yeux au delà des frontières. Partout,
on arme. Les loups montrent les dents. Il y a
quelque naïveté, peut-être, à se complaire au
bêlement de l'agneau.

Une convention des sucres vient d'être conclue, qui est un signe des temps.

Quel sera son résultat, en somme? De replier, une fois de plus, la France sur sa production et sur sa consommation intérieures.
Nous payerons le sucre moins cher, et c'est
un grand avantage. Mais nous n'aurons plus
d'autres clients que nous-mêmes. Nous nous
concentrons, au lieu de nous développer. Et
c'est bien là ce qui fait la plainte de nos
ports. On peut se demander si Marseille et
son commerce extérieur profiteront des dispositions nouvelles qui vont régir un produit
d'exportation marseillaise s'il en fut : le sucre.

Quoi qu'il en soit, c'est un ministre qui
n'est pas suspect aux Marseillais qui inaugure
le système. Cela prouve, du moins, que, sur
toute la surface du pays, on a pris son parti
du protectionnisme actuel. On songe moins à
le combattre qu'à l'aménager au mieux des
intérêts divers : et c'est ce qui explique l'idée

nouvelle qui est venue aux Marseillais d'abord, et qui, partie de là, a trouvé des adeptes dans les autres ports, à savoir : l'institution de *ports francs*, ou, pour être plus exact, de *zones franches*.

L'idée remonte à Colbert, paraît-il. Elle se rattacherait donc, par son origine du moins, au protectionnisme. Elle en est, en tout cas, un corollaire et un correctif.

Il s'agirait d'établir, à proximité de chacun de nos grands ports, une zone absolument séparée, au point de vue douanier, du reste du territoire national où les produits étrangers pourraient être reçus, manipulés, entreposés, et d'où ils pourraient être, ensuite, réexpédiés au dehors, sans avoir à acquitter les droits dus à l'entrée en France. Tout le monde connaît des applications fameuses du système : ce sont les foires et, de nos jours, les Expositions. Les enceintes des foires et des Expositions ont, de tout temps, formé des « zones franches ». Le commerçant y déballe, y étale sa marchandise ; il la modifie même à son gré, la met en vedette et en valeur. S'il ne réussit pas à la vendre, il emballe et va tenter fortune ailleurs. Si, au contraire, il trouve amateur, il paye les droits à la sortie de la zone, c'est-à-dire à l'entrée sur le territoire national.

M. Thierry, député de Marseille, s'est fait le défenseur du système. Il cite des exemples qui paraissent convaincants : Hambourg, « qui a atteint, en quelques années, un développement prodigieux et qui, après avoir dépassé, d'une manière bien alarmante pour nous, le mouvement d'affaires de tous les ports français, rivalise maintenant avec les plus grands ports de l'Angleterre » ; Copenhague, qui, « entrée depuis cinq ans à peine dans cette voie, marche à grands pas vers un égal succès ».

Insistons sur les avantages de la « zone franche ». Elle n'entrave en rien la vie normale de la ville qu'elle avoisine, mais elle l'entretient, la nourrit, pour ainsi dire, par un flux et un reflux continuel de départs et d'arrivées. La navigation prend un nouvel essor. L'industrie et la main-d'œuvre y trouvent aussi leur compte

En effet, les produits étrangers ne gardent pas nécessairement, dans le port franc, la forme et l'aspect sous lesquels ils sont entrés. Pourvu qu'on rende, à la sortie, les mêmes quantités qu'à l'arrivée, le fisc n'y perdra rien.

Mais, pendant le séjour dans la zone, le produit manipulé et trituré, au grand profit de la main-d'œuvre française, prend une figure marchande plus avantageuse, exerce sur l'acheteur étranger, auquel il est destiné, une séduction nouvelle.

Si c'est un liquide, la bouteille, le bouchon, l'étiquette lui font une toilette et provoquent d'avance la soif ou le caprice de l'amateur. Les mélanges s'accomplissent. Le blé devient farine; le poisson se dessèche et devient conserve. Observons, en outre, que le marché accru attire le client et que les affaires se multipliant, d'elles-mêmes, au dedans et au dehors de la zone, rendent, soudain, la vitalité, non seulement au commerce, mais à toutes les industries similaires qu'un port comme Marseille a vu naître et que les régions prochaines voient se développer par contact ou par endosmose.

Voici la thèse : elle soulève des objections, — de très sérieuses objections. Les plus frappantes sont celles qui sont faites au nom des industries similaires intérieures. Elles annoncent un déplacement d'activité au profit des grands centres déjà favorisés. Elles appréhendent que la zone soit mal surveillée et que des infiltrations se produisent. Elles craignent que la manipulation des denrées étrangères, dans ces zones franches, ne fasse concurrence au travail national. Elles dénoncent surtout le danger de la contrefaçon. On vendra là, dit-on, de faux produits français et leur origine apparente trompera sur leur qualité réelle ; d'où un discrédit probable sur l'ensemble de la production française.

Ajoutez les conséquences immédiates de ces essais : des dépenses nouvelles, en matériel et en personnel, une tentative risquée et qui, si elle échoue, laissera peut-être après elle des déceptions et des misères multipliées. « Soyez prudents, dit-on aux Marseillais. Tenez-vous à ce qui existe. L'*entrepôt fictif* et l'*admission temporaire* ne vous suffisent-ils pas? »

Je n'entends pas me prononcer, ici, entre les deux thèses contraires. Toutefois, les exemples cités et, notamment, celui de Hambourg sont, il faut le reconnaître, d'une bien grande force. Quoi qu'il en soit, une question si intéressante et si complexe mérite d'être tranchée. L'intérêt public réclame une prompte solution. On ne peut laisser, plus longtemps, les esprits dans l'incertitude. Les crises répétées qui atteignent l'antique prospérité marseillaise prouvent que le mal gagne les parties vitales. Il est temps d'aviser.

Mais, il y a d'autres maux encore et peut-être aussi d'autres remèdes.

II

Jusqu'ici, le commerce du monde est venu, de lui-même, à Marseille. Maintenant, il faut que Marseille aille au-devant du commerce universel. Ce port sera toujours un des plus beaux et des mieux situés de l'Europe; mais il n'est plus, désormais, l'inévitable relâche.

La grosse question de l'heure présente, c'est celle des chemins. *Les chemins sont en marche*, si j'ose dire. Il se crée deux grands courants de circulation mondiale qui vont modifier les vieilles orientations, et l'un de ces courants, tout au moins, est défavorable à Marseille. Il se porte vers l'Est. Sa tendance est de délaisser les mers pour se développer sur les continents. Le dix-neuvième siècle a été la période des voies maritimes. Le vingtième siècle sera l'époque des voies ferrées.

Voyons les faits. Le plus rude coup porté à la prospérité de Marseille, ç'a été le percement du Saint-Gothard. Je ne vais pas m'attarder sur un fait déjà ancien et dont les conséquences sont connues et acceptées. Il suffit d'expliquer en deux mots la situation. Pour apprécier le tort fait à Marseille par la grande voie qui traverse de part en part le centre de l'Europe, il faut, selon qu'on se tourne vers le Nord ou vers le Sud, voir le progrès accompli soit à Anvers, soit à Gênes.

Pour Anvers, un rapport récent de notre consul général dans cette ville, M. Carteron, nous donne le dernier état de la question. Le transit de l'Italie sur la Belgique, qui était de 1.178.000 francs en 1880, s'est élevé à 37 millions de francs en 1901, après avoir, un moment, atteint 50 millions. Le transit de la Belgique vers l'Italie, qui en 1880 ne se chiffrait que par 3 millions de francs, a atteint jusqu'à 26 millions. Mais le chiffre le plus significatif est celui-ci : la valeur des marchandises *de provenance suisse* transitant par la Belgique, qui ne s'élevait, en 1879 et 1880, *qu'à 17 et 15 millions*, a atteint, de 1883 à 1901, une moyenne annuelle de *114 millions*. C'est-à-dire que la Suisse, qui avait pour port Marseille, tend, de plus en plus, à adopter pour port Anvers.

Au Sud, maintenant. Autre concurrence : Gênes. Notre consul général à Gênes, M. de Clercq, a la parole : « De 1889 à 1900, le trafic maritime de Marseille a diminué de 97.603 tonnes, tandis que Gênes bénéficie d'une augmentation de 126.803 tonnes. »

En un mot, le percement du Saint-Gothard a fait l'effet d'une canalisation qui drainerait la richesse de l'Europe centrale, au lieu de la laisser s'écouler vers l'Occident. La France, par ce fait économique, devient de plus en plus *péninsule*.

Une révolution plus complète se prépare. La « marche vers l'Ouest » était le mot d'hier. La « marche vers l'Est » sera le mot de demain. Le monde remonte vers ses origines. Trois voies ferrées s'achèvent ou se construisent qui vont, à travers l'Europe et l'Asie occidentale, rejoindre le vaste domaine commercial de l'Asie orientale : c'est le Transsibérien, le Transcaucasien et le chemin de fer de Bagdad. L'Allemagne et la Russie, les deux grands pays de l'Europe continentale, font faire au monde ce prodigieux effort. Telles seront demain les voies rivales du canal de Suez et des ports méditerranéens.

Dans quelles conditions ces voies nouvelles pourront-elles concurrencer le commerce de l'Occident? Il est possible de préciser déjà, en ce qui concerne le Transsibérien.

Au commencement de l'année 1903 le chemin de fer de l'Est-Chinois est mis en exploitation régulière sur tout son parcours. Cette ligne étant le prolongement du Transsibérien, on peut désormais aller d'une seule traite de Paris jusqu'à Pékin.

Quant à la rapidité du trajet, voici les chiffres officiels : de Berlin ou de Paris jusqu'aux dernières stations russes sur la frontière asiatique, il faut de trois à cinq jours ; au delà, c'est-à-dire sur le Transsibérien proprement dit, on compte, pour aller à Port-Arthur, quinze jours et demi ; pour aller à Pékin, seize jours. C'est donc un total de *18 à 20 jours*. Or, pour aller d'Europe à Shanghaï par voie maritime, il faut compter, par le canal de Suez, 31-32 jours; par le Canada, 31-33 jours; à Yokohama, par le canal de Suez, 35-36 jours ; par le Canada, 26-27 jours. C'est donc une diminution de 12 à 13 jours, pour les voyageurs qui prendront la voie ferrée. En 1906, quand certains raccordements destinés à compléter le Transsibérien seront achevés, on gagnera trois jours encore.

Au point de vue de la dépense et du confort, l'État russe, maître des tarifs et de l'exploitation, fera le possible, évidemment, pour offrir des conditions plus avantageuses que celles qui existent sur la voie maritime. D'ores et déjà, il fait annoncer que le voyage Berlin-Pékin, par terre, présente une économie de 694 francs (tous frais compris) en première classe et de 267 francs en deuxième classe.

Je sais bien que, pour les marchandises, les conditions seront beaucoup moins bonnes. Mais il ne faut pas oublier que le voyageur traîne toujours le commerce après lui; d'autre part, les vastes contrées traversées par le Transsibérien paraissent appelées à un brillant avenir; elles fourniront bientôt au trafic un aliment suffisant pour lui permettre, par le développement du chiffre des affaires, de s'imposer les frais plus élevés du transport par voie ferrée.

Voilà donc bien précisées, les conditions nouvelles du trafic vers l'Extrême-Orient. Ne pas admettre que les ports de la Méditerranée subiront, de ce fait, un grave préjudice, ce serait vouloir fermer les yeux à la lumière.

Ne parlons du chemin de fer de Bagdad — puisqu'il est encore dans le devenir — que pour signaler la puissante action qu'il exercera, un jour, sur tout le trafic du commerce central de l'Europe, appelé invinciblement vers l'Orient et vers les Indes par cette hardie conception transcontinentale.

Rapprochons-nous de nos frontières. A nos portes, une concurrence redoutable à la voie Lyon-Marseille s'ouvrira bientôt à travers les Alpes : c'est la ligne Brieg-Domo d'Ossola qui empruntera le tunnel du Simplon. Le travail sera terminé, affirme-t-on, en 1904. La vallée du Rhône et la vallée du Pô vont donc être reliées directement.

L'entreprise est utile, au point de vue français, puisqu'elle permet une concurrence efficace au Saint-Gothard ; elle offre un autre avantage considérable : c'est de faciliter les relations franco-italiennes. Mais comment ne pas voir qu'elle laisse de côté Lyon, Marseille et peut-être la vallée du Rhône? Ici encore, c'est l'Est qui l'emporte.

Notre grand port méditerranéen va donc être atteint, une fois de plus. C'est toujours

Gênes qui bénéficiera de cette nouvelle voie, percée dans le massif des Alpes. Marseille est à 521 kilomètres de Genève, par Lyon. Or, par le Simplon, Gênes est à 400 kilomètres de Genève et à 360 kilomètres de Lausanne.

Mais, avant d'achever le tableau des graves périls qui menacent le commerce marseillais et d'exposer, par contre, les espérances et les remèdes, je voudrais donner quelques détails plus précis sur la question du Simplon au point de vue français.

J'ai dit les avantages que présente pour nous cette nouvelle et gigantesque entreprise. Mais il faut bien ajouter que ces avantages ne seront obtenus que si nous complétons, en territoire français, les voies ferrées qui conduisent au tunnel du Simplon. L'état actuel des choses est tout à fait défectueux. Les Chambres ont été saisies par M. Baudin, ministre des travaux publics, dans la séance du 28 janvier 1902, d'un exposé tendant à la construction d'un certain nombre de lignes ayant pour objet de créer, successivement ou concurremment, deux voies françaises ayant pour objectif le tunnel du Simplon : l'un des projets établirait une ligne de Labarre à Arc-Sevrans

(Doubs); un autre prévoit un raccordement par Frasne et Vallorbes. On a mis également à l'étude un plan qui consisterait à suivre, le plus longtemps possible, le bord du lac Léman par la construction d'un tronçon de Saint-Amour à Bellegarde, et par la réfection complète de la ligne d'Annemasse à Saint-Gingolph.

Je dirai immédiatement l'inconvénient principal de ces divers projets. Tous, ils laissent de côté la France méridionale; le dernier, seul, suit, dans sa partie supérieure, la vallée du Rhône; mais, quoiqu'il présente, à ce point de vue, un avantage incontestable, racheté, d'ailleurs, en partie, par le devis élevé de la construction, il a le très grave inconvénient de négliger Genève.

Or, il n'est pas nécessaire de réfléchir longtemps pour apercevoir l'intérêt qu'a la France à ne pas rejeter hors de sa sphère d'action naturelle une population active, laborieuse, influente comme est celle de cette ville.

Genève, qui a conscience du péril, paraît disposée à faire les sacrifices nécessaires pour aider à l'exécution d'un projet qui la mettrait sur le tracé futur d'une des voies transcontinentales européennes. Elle concourrait volontiers (tout porte à le croire) à l'exécution d'un projet français qui tiendrait compte de sa situation et de ses intérêts.

Or, ce projet existe. Il a été étudié et proposé; il est défendu par la Compagnie Paris-Lyon-Méditerranée. Il consiste à percer le Jura, près de la Faucille, et à établir une ligne Paris-Dijon-Lons-le-Saunier-Genève, et à gagner ainsi le Simplon. La Compagnie P.-L.-M. affirme qu'en raison des conditions du tracé et des profils, ce chemin serait sinon le plus court, du moins le plus commode et le plus propre à l'établissement d'un grand trafic international. Il serait coûteux, assurément; mais on ferait entrer en ligne de compte la subvention probable de la ville de Genève, et, peut-être, celle de la Confédération suisse.

Marseille, quoi qu'il arrive, doit être atteint par la création prochaine de ces lignes. Qu'on prenne garde, cependant, de ne pas frapper trop cruellement ce port en rejetant plus encore la Suisse vers l'Est. Rattachée plus étroitement au système des chemins de fer et, par conséquent, des marchés français, par des voies nouvelles, qu'il y aurait lieu de mettre à l'étude, Genève resterait dans l'orbite de Lyon et, du moins, indirectement de Marseille.

Quoi qu'il en soit, Saint-Gothard, Simplon, Transsibérien, Transasiatique, tous ces projets paraissent conjurés contre le développement de notre grand port méditerranéen. Il faut énumérer maintenant les atouts qui restent dans son jeu.

III

Nous avons dit les raisons de craindre; voici maintenant les raisons d'espérer :

L'orientation nouvelle du commerce du monde, la pénétration soudaine des voies ferrées dans le continent asiatique et surtout dans les régions centrales et septentrionales, jusqu'ici délaissées, l'effort accompli hier par la Russie et projeté, pour demain, par l'Allemagne, tout cet ensemble aura pour effet trop évident de concurrencer les voies maritimes et notamment les ports méditerranéens. Mais il en résultera, par contre, un avantage, non moins évident, à savoir le développement du commerce et, par conséquent, un accroissement d'activité profitable à ses principaux organes.

La Sibérie, la Mandchourie, les provinces intérieures de la Chine, du Thibet, les populations grouillantes qui couvrent certaines de ces régions, les richesses que leur sol renferme, tout cela surgit, pour ainsi dire, et entre en ligne par la création simultanée des nouvelles voies ferrées : Transsibérien, Transcaucasien, Transcontinental chinois, Transcontinental persique. C'est une sorte d'éruption commerciale qui amène des couches profondes et inconnues à la lumière.

A ce phénomène, le monde entier est intéressé : Marseille aura sa part du bénéfice universel.

Un circuit va s'établir, qui contournera le monde par Pétersbourg, Irkoutsk, Pékin, Shanghaï, Saïgon, Suez et la Méditerranée. Le commerce aboutissait, dans les mers de Chine, à un cul-de-sac; ce cul-de-sac est ouvert. Une plus large circulation ne peut que développer une plus grande richesse : tout ce qui se trouve sur le passage du courant sera par lui animé et fécondé.

Le circuit porte au delà. Par le détroit de Gibraltar, il rejoint l'isthme de Panama, qui, bientôt, sera percé à son tour.

C'est donc une ceinture mouvante qui entoure le monde et, par la disposition même de la Méditerranée, cette ceinture passe à Marseille. Notre port doit regagner, plus tard, ce qu'il perdra tout d'abord. Que Marseille se prépare ! Comme il lui est arrivé souvent dans l'histoire, cette ville recevra, par une conséquence logique de sa situation sans pareille, le baptême d'une nouvelle consécration.

Oui. Mais que Marseille soit prête !

Et pour cela, il faut qu'elle s'appuie franchement sur la nation dont elle fait partie. Depuis quelque temps, Marseille a comme une tendance à s'isoler, à faire ses affaires elle-même. Elle ne les fait pas toujours bien. Marseille se doit à la France, qui se doit à Marseille, pour accomplir sur les bords de la Méditerranée l'effort nécessaire ; il faut que tout le monde donne, ensemble, à plein collier.

A Gênes, il vient de se constituer un *consortium* chargé de mettre à l'étude toutes les améliorations désirables pour la prospérité de ce port. Ce *consortium* n'est pas local ; il est national. L'État a, sur lui, la haute main. Gênes, dans son effort particulier, est soutenue par l'Italie tout entière.

Qu'il en soit de même en France. Qu'un

consortium analogue se constitue sans retard. Qu'il fasse très large la part de l'État. Celui-ci, d'ailleurs, apporte autre chose que ses lumières, il apporte son concours. Quel collaborateur précieux que celui qui tient les cordons de la bourse !

Ce *consortium*, fondé pour de longues années (celui de Gênes prévoit un demi-siècle d'existence), aurait à examiner méthodiquement les multiples questions qui se posent en vue de la prospérité future de Marseille : zone franche, construction de voies ferrées (et notamment de la ligne de l'Estaque-Miramas), tarification nouvelle des chemins de fer, canal latéral au Rhône, marine marchande, compagnies de navigation, assainissement de la ville, améliorations dans la disposition et l'outillage du port. Il aurait surtout à s'occuper des voies et moyens. Une puissante organisation financière est le corollaire nécessaire d'une vaste entreprise de travaux publics. Puisque nous travaillons pour l'avenir, il est juste que l'avenir supporte sa part dans les dépenses dont il profitera.

Si cet organisme est créé — et la nécessité, à défaut de la bonne volonté, l'imposera tôt ou tard aux impuissantes dissensions locales, —

si ce conseil est créé, il devra mettre au premier rang de ses préoccupations et de ses études, la question si passionnante, soulevée récemment devant la Société de Géographie de Marseille par la belle étude de M. Paul Masson, *Marseille port de mer colonial*.

Les résultats obtenus sont déjà, par eux-mêmes, assez éloquents. Marseille, qui, de 1845 à 1851, faisait un commerce de 784.319 tonneaux avec les colonies françaises, a vu ce même commerce atteindre 3.455.134 tonneaux de 1867 à 1871 et 9.702.777 tonneaux de 1892 à 1896. A l'heure présente, *plus du quart* du mouvement du port de Marseille est alimenté par le trafic des colonies et la proportion serait beaucoup plus forte, atteindrait peut-être 1/3, si l'on tenait compte des lignes de paquebots dont le tonnage ne figure pas dans ces chiffres. Un seul renseignement encore : le total du chiffre d'affaires de la France avec ses colonies était, en 1886, de 813 millions de francs. Or, Marseille figure, dans ce chiffre, pour 502 millions, c'est-à-dire pour plus des 3/5.

Depuis que ces statistiques ont été établies, le mouvement n'a fait que croître, et Marseille peut passer, à bon droit, aujourd'hui, pour la capitale métropolitaine de l'empire colonial français.

Ce résultat s'explique, en partie, par la situation de Marseille et la proximité relative de ce port à l'égard de nos principales colonies. L'Algérie, la Tunisie sont les clientes naturelles de notre rivage méditerranéen. Les avantages que la loi a reconnus à notre marine marchande, dans nos ports coloniaux, ont aussi contribué au développement du trafic colonial français.

Mais cette explication ne suffit pas. Personne n'ignore, en effet, que, dans l'état actuel du commerce du monde, ce n'est pas la question des distances qui est au premier plan, mais bien celle des marchés. Un navire chargé de produits coloniaux ne sera pas arrêté par la longueur de la route, s'il doit être assuré de se défaire de sa cargaison ou de prendre du fret. Bordeaux, Nantes, Le Havre, Rouen, Dunkerque, peuvent obtenir et obtiennent en effet, chaque jour, la préférence, si le commerce trouve, à ce voyage prolongé de quelques jours, l'avantage d'un débouché certain.

On peut même dire que Marseille n'est pas toujours en bonne posture pour supporter la concurrence des autres ports, puisque la distance *par voie de terre*, qui l'éloigne du centre et de la capitale, devient une cause de frais supplémentaires pour le trafic qui cherche à pénétrer dans l'intérieur. Comme le dit très bien M. Masson, Marseille n'est pas *nécessairement* le port de débarquement des produits coloniaux, pas plus que Le Havre ou Dunkerque ne sont, *nécessairement*, les ports de débarquement des charbons anglais à destination du territoire français.

Il faut donc trouver une autre cause à la prospérité du commerce colonial de Marseille.

La vérité est que Marseille attire les produits coloniaux, parce que son *industrie* sait manipuler et transformer ces produits, pour en faire l'objet d'un trafic nouveau de réexportation ou d'expédition vers l'intérieur. Marseille, en effet, n'est pas seulement un grand port, c'est une grande ville industrielle.

Énumérons quelques-uns de ces produits coloniaux qui viennent se faire traiter à Marseille : ce sont les *céréales* d'Algérie et de Tunisie, qui fournissent la matière première à la minoterie : les *blés durs*, qui intéressent la semoulerie et la brasserie; les *vins d'Algérie et de Tunisie*, qui servent au coupage des vins du Midi ; les *bœufs et les moutons*, qui se répandent dans toute la région du Sud-Est; les *sucres bruts*, qui alimentent la raffinerie ; les *graines oléagineuses*, les *huiles*, qui servent à l'huilerie et à la savonnerie ; les *peaux* pour les tanneries; les *minerais*, pour l'industrie du fer, etc. La démonstration est faite rien que par cette énumération. Marseille emprunte à nos colonies les matières premières nécessaires à une industrie qui occupe et enrichit, non seulement les ouvriers de son port, mais encore toute la main-d'œuvre du Midi.

Or, ce mouvement n'est qu'à son essor. L'Indo-Chine, Madagascar, le Congo, la côte occidentale d'Afrique, la Tunisie, l'Algérie sont des réceptacles de richesses actuelles ou de richesses futures qui, si Marseille le veut, viendront à Marseille prendre la marque de la civilisation, la marque française.

Faut-il préciser encore? Demain, personne ne l'ignore, les minerais de l'Algérie occuperont une place considérable sur le marché métallurgique européen. Qui doit profiter de cet accroissement de la production minière, sinon les ports méditerranéens, et notamment Marseille?

Au Sénégal, et dans l'hinterland du Dahomey, des expériences très sagement conduites sont entreprises pour introduire, dans les plaines immenses qui, depuis 1898, appartiennent à la France, la culture du coton. Au moment de la guerre de Sécession, l'Algérie a connu une courte période de prospérité, due à cette production. Tout porte à croire qu'elle réussira également dans le bassin du Niger, où le cotonnier existe à l'état sauvage, et où il est déjà cultivé par les indigènes. Si les premières expériences du général de Trentinian n'ont pas donné de résultats positifs, elles n'ont, par contre, rien de décourageant.

Or, n'est-il pas évident que, si cette entreprise se développe et prend les proportions qu'il est permis d'espérer, si, dans un délai qui n'est peut-être pas très éloigné, l'industrie cotonnière française demande, à nos colonies africaines, la matière première qui, déjà, est produite par l'Égypte, en quantités appréciables, ce sera encore Marseille et peut-être l'industrie marseillaise qui seront appelées à recueillir les premiers bénéfices?

En un mot, Marseille a désormais, à l'égard de notre empire colonial, une responsabilité particulière. Pour elle-même et pour lui elle a charge d'âmes. Métropole commerciale, métropole industrielle, qu'elle remplisse le rôle que ses traditions et les événements lui ont assigné. Qu'elle devienne de plus en plus métropole coloniale, en se mettant bravement à la tête du mouvement.

Que manque-t-il à nos colonies pour l'exploitation fructueuse de leurs richesses, connues ou inconnues? Des capitaux. Des hommes. — Des capitaux? Il n'en manque pas en France. Des hommes? Bagasse! il y a les Marseillais.

II

Bizerte.

Le vaste établissement militaire qui s'achève à Bizerte intéresse à la fois l'Europe et l'Afrique. Il commande un des grands chemins du monde. Il est placé dans une région où l'antiquité a toujours connu de grands ports, Utique, Hippone, et surtout Carthage. Plus d'une fois, les destinées du monde ont basculé sur cette pointe de terre où la nature a creusé — comme un abri et comme une menace — ce double lac dont les dimensions et la profondeur sont faites pour l'armada des léviathans modernes.

La mer Méditerranée est divisée en deux parties nettement définies : l'une forme la tête du lion, l'autre le corps ; l'une, à l'Occident, baigne l'Espagne et le Maroc, la Provence et l'Algérie ; l'autre, dans la partie orientale, réunit les trois continents : Europe, Asie, Afrique ; elle caresse, de son flot bleu, la Grèce et ses îles, l'Asie-Mineure et l'Égypte ; elle se prolonge, par les détroits, jusque dans la mer Noire; elle débouche sur le reste du monde par le canal de Suez.

Or, ces deux parties se rejoignent en un point qui forme comme le col de la bête; c'est à l'étranglement qui se produit entre la Sicile et la terre d'Afrique. L'île de Malte, un peu en arrière de ce détroit, en surveille la sortie; mais Bizerte est mieux située encore, car elle le domine. Bizerte prend la Méditerranée à la gorge.

En ce point décisif, une volonté de la nature a creusé ce lac offrant une surface de 15.000 hectares sur lesquels 1.300 sont assez profonds pour recevoir les plus grands bâtiments. Un des plus beaux ports du monde se trouve donc dans un des points les plus importants du monde. Il fallait avoir le point et il fallait avoir le port.

Telle est l'entreprise à laquelle la France s'est consacrée depuis vingt ans et qu'elle a réalisée avec une ténacité et un esprit de suite qui peut-être, un jour, seront comptés à notre pays, si méconnu par les autres et si souvent calomnié par lui-même.

Pour avoir Bizerte, il fallait avoir la Tunisie : ce fut la première partie de l'entreprise. Au début, il ne fut guère question de Bizerte :

on était tout aux Khroumirs. Seules, les puissances européennes, connaissant à merveille l'importance de la partie qui se jouait, prétendirent mettre un *veto* sur l'entreprise éventuelle d'un grand port à Bizerte, et M. Barthélemy Saint-Hilaire, alors ministre des affaires étrangères, agit sagement, en remettant à l'avenir le dessein d'un établissement militaire au sujet duquel on l'interrogeait.

Contre vents et marée, Jules Ferry en vint à ses fins ; l'occupation française imposa notre protectorat à la Régence. La question de la défense militaire fut posée du même jour. Elle se combinait naturellement avec celle de l'Algérie. La Tunisie, faisant l'effet d'un bastion avancé vers la mer et vers l'Orient, attira donc toute l'attention.

En quel point établirait-on la citadelle et l'*arx* de la nouvelle conquête? Quelques-uns, songeant à l'esprit turbulent des populations indigènes et aux difficultés que rencontrerait éventuellement une expédition venue du dehors, si elle était obligée de pénétrer dans les terres, désignaient, comme nœud de la défense, cette antique ville de Tébessa qui avait été longtemps le refuge de la domination romaine en péril. D'autres, prévoyant le développement africain de l'Empire colonial français vers les régions centrales et vers le lac Tchad, insistaient pour qu'on utilisât l'angle et le port naturel que fait, au coude de la Syrte, derrière l'île de Djerba, la baie de Bougrara.

Mais Bizerte s'imposa: Bizerte, point propice, à la fois, à la défensive et à l'offensive, également bien situé si on envisage la terre et si on envisage la mer, dominant la capitale, Tunis, sans être entravé par elle, aboutissant presque immédiat du plus grand fleuve de la Tunisie, la Medjerda, et de la plus importante voie ferrée du Nord de l'Afrique, celle qui réunit Alger à Tunis.

Quant aux avantages militaires de ce port, véritablement unique, ils sont exposés, avec la plus grande précision, dans une étude du lieutenant-colonel Espitalier : « Le rayon tactique d'action d'un cuirassé filant 18 nœuds, autour d'un point d'appui, est de 180 milles environ, si l'on veut qu'il puisse revenir à son port d'attache. Dans ces conditions, le cercle tactique de Bizerte coupe le rivage de la Sicile et *couvre tout le passage entre ce rivage et la côte africaine*. Il coupe aussi le cercle d'action des navires anglais de Malte. Si l'on combine le cercle d'action de Bizerte avec ceux de Mers-el-Kébir, d'Alger, d'Ajaccio et des ports métropolitains, il est facile de voir que tout le bassin occidental de la Méditerranée est sous notre dépendance tactique et que Bizerte est la clef de notre action du côté de l'Est. »

Ces raisons confirmèrent les impressions favorables que la situation géographique et la convenance du site avaient fait naître dans les esprits.

Mais comment rompre les engagements, comment déjouer la surveillance étroite des diplomaties rivales qui tenaient en suspens l'avenir de Bizerte? L'histoire éclairera, un jour, ces points.

On n'eut, d'abord, d'autre dessein patent que de transformer la vieille station à demi abandonnée de « Benzert », et qui remontait à la conquête espagnole, en un port de pêche et un port commercial à tout le moins abordable. Ce fut ainsi que, le plus simplement du monde, on mit, pour la première fois, la pioche en terre et qu'on commença à élargir et à régulariser le chenal.

Même, pour ces premiers travaux, si insignifiants qu'ils parussent, il fallait de l'argent :

une combinaison ingénieuse le procura. C'est Bizerte lui-même qui subventionna l'avenir de Bizerte.

Dans ces lacs ouverts sur la Méditerranée comme des viviers immenses, le poisson, à des époques et à des heures régulières, monte et descend. L'armée innombrable des dorades, des loups, des rougets, des bars entre et sort par un mouvement régulier et se précipite comme un torrent alternatif et vivant par l'étroit passage du goulet.

Le monopole de la pêche maritime à Bizerte fut un des avantages principaux de la concession qui fut consentie à la maison Hersent et Couvreux, à charge de commencer les premiers travaux du port commercial.

Ainsi, l'inépuisable richesse que le flot emporte et ramène a redressé le chenal, aligné les premiers quais, poussé au loin, dans la mer, les rocs des premières jetées. La chair s'est faite pierre, et c'est sur cette fondation animée que Bizerte s'élève maintenant.

La conception initiale se transformait progressivement, ou plutôt, poursuivie longuement dans le silence, elle put, sans inconvénient, se manifester au grand jour.

En 1897, l'Europe était, comme elle l'est

aujourd'hui, attentive au problème oriental qui paraissait sur le point de se poser. Parmi les difficultés et les lenteurs du concert européen, l'affaire crétoise évoluait péniblement vers une solution pacifique. Cette heure parut opportune pour régler définitivement la question tunisienne et pour délivrer Bizerte.

Ainsi, de ce conflit redoutable de sentiments et d'intérêts, la France tirait du moins un avantage positif. Son autorité navale dans la Méditerranée se multipliait, en quelque sorte, par ce « doublet » de Toulon. Selon le mot de l'amiral Gervais, « près de Tunis la Blanche, on aurait désormais Bizerte la Forte ».

Depuis lors, une immense activité règne sur les lacs. Le chenal se trouve porté, de 100 mètres de large à la surface, à 200 mètres. Les jetées sont prolongées en mer, couvertes par un môle construit par 17 à 20 mètres de profondeur ; elles font un immense avant-port et permettront, en tout temps, l'entrée et la sortie aux bâtiments français, interdisant, par contre, à une flotte étrangère de forcer le passage comme à Santiago et « de mettre en bouteille » la flotte française, abritée sans être enfermée.

Dans le port, de vastes bassins de radoub sont achevés ; plus loin encore, l'arsenal maritime s'élève ; plus loin encore, les fortifications construites partout sur la ceinture des collines, défendent la terre, menacent la mer. Il faudrait un siège en règle, soutenu par une flotte et une armée formidables, pour venir à bout de la résistance qu'offrirait, dès maintenant, Bizerte. Je ne connais pas de spectacle plus imposant et, si j'ose dire, plus merveilleux, que celui que présente à la tombée du jour, sous les lueurs du soleil couchant, cette immense nappe plane et glauque que dominent, au loin, les défenses formidables du Djebel-Kébir et du Djebel-Rouma.

Eh bien, cette œuvre, qui, demain, sera complète, ne suffit pas à ceux qui l'ont entreprise. Un port, sur cette côte privilégiée, peut avoir une autre raison d'être que l'attente d'événements militaires qui seront, probablement, rendus de plus en plus rares par la sagesse des peuples et des gouvernements. Bizerte succède à Carthage. Carthage fut, surtout, une grande ville de commerce, un lieu de transit, un marché, le grand *emporium* méditerranéen.

Bizerte, à peine construite, aspire à jouer ce rôle. Placée, comme elle l'est, à mi-chemin entre Gibraltar et le canal de Suez, elle entrevoit l'heure où les gros paquebots et les bâtiments de commerce qui passent, à raison d'un au moins par heure, en vue de ses côtes, entreront dans le port, feront escale, demanderont du charbon, prendront du fret et déchargeront des marchandises.

Les constructeurs du port — et en particulier cet éminent amiral Merleaux-Ponty, qui mourut avant de voir la fin de ce travail gigantesque — ont entrevu et ont préparé cet avenir pacifique. Déjà, autour de l'arsenal et des ateliers militaires, s'élève une ville moderne avec ses quartiers, dessinés et amorcés à l'européenne, Ferryville, Bijouville, etc. Déjà le commerce s'installe. Les premiers paquebots français et italiens font escale. Mais ce n'est qu'une amorce. On rêve de plus hautes destinées. Se réaliseront-elles ? Pour avoir des bâtiments, il faut avoir du charbon ; pour avoir du charbon, il faut avoir du fret ; tout s'enchaîne, et le problème se complique, au fur et à mesure qu'il paraît résolu.

Quel sera donc l'aliment du futur grand

port de commerce? Ici, le débat s'envenime et les intérêts particuliers entrent en lutte. Entre Tunis et Bône, y a-t-il place pour un port installé dans les vastes proportions qui sont prévues à Bizerte?

La question s'est précisée encore, dans ces derniers temps. La découverte, dans le massif montagneux qui sépare l'Algérie de la Tunisie, des riches gisements de minerais de fer de l'Ouenza, a mis le feu aux poudres. La concession de ces minerais est acquise, paraît-il, à un *consortium* de puissants établissements métallurgiques. L'exploitation sera une cause d'enrichissement pour la région et, en général, pour nos possessions d'outre-mer. C'est l'industrie prenant pied sur une côte qui ne connaît jusqu'ici que l'agriculture. Bizerte et Bône se disputent le futur marché du fer africain.

La question est à l'étude. Dans une série de mémoires fortement documentés, le général du génie Marmier, qui commande à Bizerte, plaide la cause du grand port militaire. Par contre, Bône se défend, et la thèse algérienne pèse, naturellement, en Algérie, de tout son poids. Le dernier mot appartient à la métropole.

Si, pour des raisons techniques ou pour des raisons politiques, Bizerte venait à perdre la partie, on aurait, tout au moins, à regretter que la magnifique courbe qui a marqué, jusqu'ici, le développement de cette belle création du génie humain, fût interrompue au moment même où, par une suite d'efforts persévérants, elle paraît toucher à son apogée.

L'ADRIATIQUE

L'ADRIATIQUE

I

« Lago adriatico ».

En 1897, Bizerte fut libérée. Mais il ne resta, de ce fait, dans les relations internationales, aucune suite fâcheuse, aucun venin. Tout au contraire, l'acte qui reconnut définitivement l'autorité de la France sur la Tunisie fut le point de départ du rapprochement franco-italien.

Cependant, du même coup, l'axe de la question méditerranéenne fut déplacé. Jusque-là, les luttes d'influence politique s'étaient produites à l'occident de la péninsule, — dans la tête du lion; elles se trouvèrent reportées à l'Est, — vers la mer Adriatique.

Voilà, précisément, où nous en sommes aujourd'hui : tout converge vers cette mer étroite qui, pénétrant au plus près de la partie la plus centrale de l'Europe, sera, demain, le passage ou le champ clos des grandes affaires ou des grands conflits. L'Europe, assise sur les bords de ce cirque allongé ou, si l'on veut, de cette petite Méditerranée, — le *lago adriatico* — se prépare à assister aux combats ou aux luttes d'influence qui vont se produire là, et elle y prendra part, au besoin.

La mer Adriatique, c'est encore l'Europe et c'est déjà l'Orient. Elle reçoit les eaux de cette riche Lombardie qui n'est, à nos yeux, qu'une Gaule transalpine ; elle baigne Venise, et les belles rives de la péninsule qui transmit au monde moderne les traditions de l'art et de la civilisation. Mais elle borde aussi, à l'Orient, des pays abrupts, des retraites farouches, le domaine du particularisme « schkipetar », et, pour tout exprimer, en un mot, les premiers gradins de cette Albanie où l'on dirait que l'Europe, partout en voie de progrès, s'est volontairement attardée de mille ans.

Aujourd'hui, comme à l'époque des dernières croisades, sur un versant de cette mer, c'est la chrétienté ; de l'autre, c'est l'Islam. Les contacts se font ici. Les deux mondes se touchent et, souvent, se confondent. Les mêmes questions se posent, et elles sont si complexes que l'on peut se demander, maintenant comme il y a des siècles, si jamais elles seront résolues.

Au musée de la Brera, à Milan, un vaste

tableau de Gentile Bellini donne l'idée de ce que furent ces contacts pour les imaginations à la fois si précises et si puissantes de la grande époque adriatique : saint Marc l'évangéliste, le patron de Venise, prêche sur une place publique, à Alexandrie. En réalité, c'est un sage Européen exposant sa foi devant les prêtres et le peuple de l'Islam.

Le décor est magnifique ; une place dallée et couverte du plus riche « pavement » de marbres et de mosaïques, des palais à arcades, de blanches maisons cubiques décorées d'arabesques et garnies de moucharabiés, des pylones, des obélisques, des campaniles, des colonnes antiques, des minarets. Au fond, un édifice d'une composition simple et forte, rappelle également Sainte-Sophie ou Saint-Marc. Sur le parvis, au premier plan, de riches tapis sont étalés, des degrés de marbre sont élevés. Le saint parle, entouré de la foule de ses disciples ; ce sont, en réalité, des contemporains du peintre, des professeurs aux Universités, de hauts fonctionnaires, des membres du Conseil des Dix ou du Sénat, des hommes graves, vêtus, pour la plupart, de l'ample robe rouge aux vastes manches et aux longs plis, coiffés du bonnet plat, les cheveux longs et la figure rasée. Sur les tapis, les femmes turques assises font un groupe blanc ; elles ont, toutes, le haut bonnet, le voile, le yachmach, les vêtements clairs et flottants ; derrière elles, debout, des Turcs des *Mille et une Nuits* aux vêtements somptueux, brochés et brodés, le cimeterre au côté, coiffés de turbans énormes ou de bonnets à poils rouges ; et, au fond, sur la place, des hommes ou des êtres étranges, des nègres, des chameaux, des girafes, autour desquels les chiens aboient.

Les deux mondes sont là, en présence. Cependant, parmi ces hommes qui discutent et dont les mœurs, les intérêts, les sentiments sont si contraires, il règne une sorte de calme et de douceur tranquilles. Les rapports sont cordiaux, ou du moins mesurés, parce qu'ils sont nécessaires. La condescendance réciproque fait la tolérance, comme si tous ces gens savaient, à l'avoir tenté mille fois, que l'œuvre d'extermination absolue est inutile, parce qu'elle est irréalisable, et que, tout compte fait, la paix vaut mieux.

Voilà la vie que menèrent sur ces bords, pendant des siècles, ces populations à la fois amies et hostiles, condamnées à se haïr et à se fréquenter, bataillant et commerçant, célébrant à la fois les diplomates et les guerriers, fils semblables entre eux d'une même nature à la fois indulgente et violente, dont le piège éternel les unit et les irrite, les apaise et les insurge.

Car ce n'est pas la seule religion qui fait leur discorde. En l'an 1204, quand les croisés, contemporains de Philippe-Auguste, campèrent au Lido et que ces barbares du Nord, ignorants et incertains, se confièrent aux conseils du doge Dandolo, quand celui-ci leur désigna, comme une proie facile, l'empire de Byzance et qu'ils se ruèrent comme des brutes sur la splendeur de Constantinople, c'étaient des chrétiens, non des musulmans qui vivaient là et qui furent les victimes de la rapacité féodale et de la ruse vénitienne. Les Vénitiens avaient traité avec les infidèles pour détourner sur Constantinople l'avalanche qui balaya l'empire grec chancelant et qui enrichit l'Europe, et surtout Venise, des dépouilles somptueuses de cette immense ruine.

Plus tard, quand les navigateurs portugais doublèrent le cap de Bonne-Espérance, les mêmes Vénitiens comprirent vite toute l'étendue du péril qui les menaçait. Ils essayèrent de parer le coup et envoyèrent des ambassadeurs en Égypte, en Abyssinie, peut-être jusqu'à Zanzibar et aux Indes pour soulever encore l'infidèle contre le chrétien. Ils échouèrent, cette fois. La logique et la force des faits l'emportèrent. Venise périt par l'effet des découvertes qui livrèrent le monde à la conquête espagnole, à la conquête portugaise, à la conquête française et britannique. Mais ce n'est, certes, pas la solidarité chrétienne ou européenne qui présida à ces péripéties.

Quoi qu'il en soit, le souvenir de ces grandeurs passées n'est pas oublié et, sur les bords des lagunes, veuves des flottes victorieuses, plus d'un jeune cerveau tenu en éveil par la pensée des gloires antiques rêve aux grandeurs prochaines de l'Adriatique renaissante.

Bien des raisons autorisent ces espérances. La plus puissante de toutes, c'est la correction sublime que le pouce de Lesseps a faite à la carte de l'univers et, par conséquent, aux destinées du globe. En perçant le canal de Suez, il a contre-balancé les conséquences de la découverte de l'Amérique et il a rendu à la Méditerranée son rôle antique de courrière et messagère du commerce universel.

D'autres œuvres, moins colossales, mais

analogues, sont achevées ou se poursuivent. Bientôt les Alpes, percées par les tunnels du mont Cenis, du Saint-Gothard et du Simplon, ne seront plus un obstacle au transit continental entre le nord et le midi. J'ai indiqué les conséquences de la création de ces chemins de fer pour notre port de Marseille. Par une conséquence contraire, l'Adriatique compte profiter de ce que perdra la mer Tyrrhénienne. Le sifflet des locomotives qui, de partout, dévalent des Alpes, de même que la chute des cascades, transformées en houille blanche, se font entendre jusqu'à la mer et ont réveillé déjà la lagune endormie.

Venise se prépare; sur la mer qu'elle domine, elle promène des regards qui ont été longtemps ceux du maître, alors qu'elle se proclamait « souveraine et seigneur d'un quart et demi de l'empire grec »; ses lignes de navigation multiplient les escales sur la côte orientale, et même, plus hardies, elles reprennent, vers l'Amérique et vers Calcutta, l'ambition fondée de la navigation internationale; en Albanie, en Mirditie, les agents catholiques travaillent pour l'Italie; les écoles se multiplient; au Montenegro, une famille pleine d'avenir, alliée à la fois aux Romanoff et à la maison de Savoie, donne à l'oreille les conseils utiles et débrouille le fil trop compliqué des intrigues balkaniques; enfin, la question albanaise se pose d'elle-même. Par suite des événements de Salonique, de Mitrovitza, la ruche islamique bourdonne. On ne peut savoir encore si l'essaim s'envolera et s'il multipliera, autour de lui, les piqûres funestes dont il peut mourir.

En tout cas, au fur et à mesure que le nœud se serre les précautions se prennent. Récemment, dans un article très étudié qu'elle consacrait à la visite du roi d'Angleterre à Paris, la *Tribuna* écrivait : « L'Italie devrait profiter de la situation actuelle pour renforcer sa flotte... Elle devrait la tenir à portée de la mer Adriatique et de l'Orient... Nos ministres de la marine et des affaires étrangères sont tous deux des amiraux; qu'ils concentrent toute la force italienne de la Méditerranée à Tarente et qu'ils fassent de cette place un centre de manœuvres qui rayonneront sur toute la mer Adriatique et sur l'Orient... *Ces manœuvres ont un but non naval, mais politique.* C'est ainsi que nous devons obtenir un résultat pratique à la faveur des changements qui se sont produits dans la politique méditerranéenne. »

C'est assez clair; le passé traditionnel s'unit à l'avenir dans une politique dont les raisons sont trop réelles et trop naturelles pour ne pas germer et se développer dans l'esprit des chefs actuels de la politique italienne. Un homme d'esprit a dit que l'Italie ne voulait pas en être réduite à l'état de parapluie qui ne pourrait plus s'ouvrir d'aucun côté. Si on trouve l'expression peu noble, qu'on se reporte, du moins, à cette phrase où les grands souvenirs sont évoqués : « L'Italie ne veut pas voir l'heure où Brindisi n'aurait plus qu'un intérêt historique, celui qui lui vient de la mort de Virgile et de la fuite de Pompée !... »

Si légitime qu'il soit, l'Italie ne peut pourtant se livrer sans danger à son rêve. En face d'elle, elle trouve des concurrents qui ont déjà pris position, des races actives, des gouvernements prévoyants et avertis. L'Adriatique n'est pas *res nullius*. Au moment où elle devient le pivot de la politique méditerranéenne, tous les intérêts qui s'y rattachent réclament hautement leur part. Race latine, race germanique, race slave, les trois familles européennes se heurtent ici, et leur rivalité embrouille encore la complexité des rapports qui vient du contact magistral de l'Occident et de l'Orient.

II

Venise

A Venise, comme dans la symbolique Égypte, les morts font en barque le dernier voyage. La noire gondole s'orne du galon d'argent et le trépassé, glissant sur la lagune, gagne doucement l'île du repos.

Le cimetière vénitien ne ressemble pas aux autres cimetières italiens, si vivants et si riches, où la douleur éclate en un luxe exubérant. L'île suprême est isolée, loin de la ville, murée comme une prison. On pénètre par un vieux cloître sur le champ funèbre ; les croix de bois sont plantées parmi l'herbe touffue et grasse ; peu de monuments, des allées droites, des rangées de cyprès. Seulement, le long des murs de la Cité des Morts, les tombes des plus illustres ou des plus riches sont réunies, serrées et pressées comme des alvéoles dans une ruche, chacun occupant juste son étroit lit de pierre. L'impression est froide, égalitaire, toute de délaissement et d'abandon. La ville de joie n'aime pas l'île de tristesse : elle regarde de l'autre côté, vers les rives animées du Grand Canal et vers les riantes verdures du Lido.

Je quittai l'île du cimetière au déclin du jour. C'était un après-midi tiède et lourd ; le soleil mat versait sur la lagune une chaleur d'étain ; la gondole avançait lentement ; une odeur verte venant des buis, des cyprès et des algues marines rôdait sur les eaux. L'eau était morte ; elle enserrait, de sa lame métallique, les murs déplorables. Le ciel et la mer se mariaient dans le silence.

Tout à coup, sur Venise, une cloche tinta, puis une autre, puis une autre. L'*Angelus* sonnait à la Madonna del Orto, aux Gesuiti, à Santa Caterina, à Santa Maria del Pianto, à toutes les églises proches ou lointaines ; et la voix des cloches était si triste, — comme elle est à Venise, — qu'on eût dit que tous ces campaniles, riants et roses dans la nuit naissante, se ressouvenaient soudain et qu'ils sonnaient à la mort.

Les poètes ont chanté et ils chantent encore, en accents inoubliables, « la mort de Venise ». Mais il faut dire et rappeler aussi combien elle fut grande et comment elle périt.

Venise fut grande par l'activité de ses

marins et de ses commerçants, par le courage de ses soldats, par l'autorité et la prudence de son gouvernement; mais surtout elle fut forte par le perpétuel sacrifice de l'intérêt particulier à l'intérêt public. Tout, pourvu que la République vive !

Les premiers habitants de ces marais, les réfugiés de la terre ferme que la peur jeta, pauvres et nus, sur ces îles désertes, où paissaient les buffles, eurent dès l'origine le sentiment précis de la nécessité du lien social et de l'effort commun. Ils ne pouvaient vivre que par l'union, ni travailler qu'en troupes, soit qu'il fallût fixer les alluvions errantes, enfoncer jusqu'au roc les pilotis, consolider les îlots, les border des palis et des *fundamenta*, soit qu'il fallût couvrir ces terrains vagues d'habitations s'appuyant l'une l'autre, et aménager partout le mobile rempart des eaux.

Cette vie primitive ne fut qu'un long sacrifice du présent à l'avenir, une perpétuelle prévoyance. Venise fut faite par son gouvernement. Fille de la lagune, comme l'Égypte est fille du Nil, elle dut à la fois la subir et la vaincre. Ces hommes apprirent ainsi, par la communauté des longs efforts nécessaires, l'art d'obéir et l'art de commander. Luttant à la fois contre la terre et contre les eaux, ils ne résistèrent aux tempêtes et aux débordements qu'en se serrant les uns contre les autres aux jours de désastre.

Et quand ils débordèrent, à leur tour, sur la terre et sur la mer, marins ou soldats, conquérants ou commerçants, c'est encore par bandes et par troupes qu'ils partirent. Le vaisseau fut, pour eux, une nouvelle école d'abnégation et de discipline. Ainsi, la République grandit et l'Europe monarchique s'habitua à respecter en elle l'exemple unique d'un État libre volontairement et puissamment organisé.

Les Vénitiens furent les héritiers directs de l'antiquité; ils recueillirent les reliques saintes et les grandes leçons. Sur leur place publique, ils élevèrent une autre Sainte-Sophie, Saint-Marc, ancêtre, à son tour, de tant d'autres cathédrales. Mais ils furent aussi les maîtres et les initiateurs du monde moderne. Le pape Alexandre III remit l'épée au doge Ziani, et cette confiance ne fut pas trompée. Venise combattit héroïquement et séculairement pour la chrétienté et pour la civilisation. Elle tint bon, jusqu'à ce que Lépante décidât.

Aussi, la fameuse bataille est représentée, sur les murs du Palais ducal, parmi les hauts faits de la République ; il n'est rien de plus beau, ni de plus terrible, que cette rencontre où deux mondes se heurtent : les rames des galères, levées par milliers comme les pattes d'énormes insectes, précipitent les unes contre les autres les nefs lourdes et surchargées de combattants ; les foules humaines sont entassées sur les ponts, sont pendues par grappes aux mâts des vaisseaux, flottent par paquets sur les eaux et toujours et partout, luttent, frappent, tuent en mourant. Toutes les armes, celles du passé et celles de l'avenir, servent à la fois et multiplient le meurtre : l'arc menace le fusil, la lance croise la pique, le turban affronte le casque. Les hauts châteaux des nefs à voile surplomblent les ponts des galères qui s'accrochent à leurs flancs et les sapent ; les mâts s'écroulent, les antennes se rompent, les cales s'ouvrent et s'effondrent ; l'eau est couverte d'une écume d'hommes toujours renouvelée et qu'elle engloutit sans cesse. Sur la poupe, les chefs vêtus de blanc, bien en vue, debout et calmes, commandent la manœuvre. Les étendards de la République sont déployés et flottent victorieux ; partout, le lion de Saint-Marc ouvre ses ailes pour un nouvel essor ; car cette rencontre, où l'Espagne commande, est aussi et surtout une grande victoire vénitienne.

L'illustre République combattit aussi pour la liberté. Quand l'Espagne catholique menaça l'indépendance du monde, la ville libre se retourna et fit face de l'autre côté. Si exposée, et si frêle en présence d'un tel adversaire, alors que l'univers tremblait et que l'Italie se complaisait dans son asservissement, Venise résista. Elle tendait la main, par-dessus les Alpes, à sa jeune camarade de Hollande, elle envoyait ses émissaires chez tous les princes de l'Europe ; elle encourageait les révoltes, fomentait les coalitions et les ligues, remuait le ciel et l'enfer ; elle traitait avec Élisabeth, réconfortait notre Henri IV au moment où il fléchissait. Enfin, après un siècle de lutte, elle vit le colosse mesurer le sol de sa chute immense et elle put s'enorgueillir de la double et savante politique qui, du coin où elle était, si resserrée entre les deux périls, le péril turc et le péril espagnol, fit d'elle, aux traités de Westphalie, l'arbitre de la querelle européenne.

A l'époque de sa splendeur, c'est-à-dire vers

la fin du quinzième siècle, Venise dominait l'Adriatique et la Méditerranée, l'Archipel, l'isthme de Suez; elle avait, sur la terre ferme, un vaste domaine qui allait jusqu'à l'Adda; elle menaçait toute l'Italie, l'État pontifical, les Pouilles, la Sicile, ayant maintes fois occupé les ports de la péninsule; elle avait battu la plus dangereuse de ses rivales, Gênes; elle était souveraine en Istrie, en Dalmatie, en Morée, à Chypre; elle luttait à Candie; ses flottes étaient sans rivales; 15.000 ouvriers travaillaient dans son fameux arsenal; le doge épousait, chaque année, la mer, et celle-ci, parfois, lui rendait l'anneau.

Ses richesses étaient immenses; son luxe et les fêtes qu'elle donnait étaient célèbres dans le monde entier. Quand le roi Henri III vint à Venise, à un goûter que la République lui offrit, on servit 1.200 plats de confitures et 300 mets de sucreries. Pour distraire un instant le royal ennuyé, on construisit au milieu du Grand Canal, sous les fenêtres du palais Foscari où il était descendu, toute une verrerie avec ses cheminées et ses fours allumés, si bien que, de son balcon, il voyait faire des fleurs, des perles, des vases et mille autres merveilles de cristal.

Mais la puissance de Venise tenait surtout à son gouvernement et à cette constitution singulière et unique que la simple vue du Palais des Doges explique encore clairement. Unique aussi et non moins surprenant, le Palais d'État raconte, en effet, à ceux qui savent entendre, la pensée secrète de cette oligarchie qui, pendant des siècles, dirigea les destinées de la République.

En bas, à même le sol de la place, c'est la joie, l'élégance et le faste du marbre pour le peuple et pour le public frivole des passants et des gondoliers ; mais, en haut, au-dessus de la galerie ajourée, c'est le bloc massif et l'austérité de la brique pour les chefs, pour ceux qui assument les responsabilités suprêmes, et qui veulent l'ordre, le sérieux, l'autorité.

En bas, la colonnade mauresque rit et joue sur la Piazzetta ; l'eau et la foule l'abordent familièrement et se roulent à ses pieds. Mais ce n'est pas un gouvernement facile ni abordable que celui qui siège, là-haut, entre les murs du vaste quadrilatère nu. Il jette sur la ville et sur la mer, par les rares fenêtres percées comme des meurtrières, un regard soupçonneux. Des balcons, il fait lire la loi et les sentences de mort. Il n'aime pas qu'on le dérange, quand il est rassemblé pour ces éternels scrutins d'où les décisions et les choix se dégagent si lentement.

Cette aristocratie délibérante entend avoir toujours sous la main, non seulement toutes les traditions, toutes les grandeurs et toutes les gloires de la République, les parchemins, les archives, les itinéraires, les triomphes peints ou sculptés, les statues des grands hommes, mais aussi les armes, le trésor, les prisons, les instruments de supplice, la gueule du lion qui dénonce et le passage redoutable du pont où l'on pleure. Palais des Doges, édifice charmant et perfide, — face fardée, viscères atroces, — tu restes rouge et sanglant de la terreur séculaire par laquelle tu régnas !

Venise périt par l'abandon de ce qui avait fait sa grandeur : le commerce, les vertus civiques et les vertus militaires. Le commerce se détourna des eaux méditerranéennes. La découverte du chemin de la Bonne-Espérance et de celui des Indes occidentales changea l'équilibre du monde. Venise s'abandonna.

Elle eût pu lutter. Marseille le fit bien et s'adapta, à force d'énergie, aux nécessités nouvelles. Mais Venise enrichie ne savait plus que jouir. Les patriciens considéraient comme indigne d'eux le métier de marchandise. Ils épuisaient lentement l'énorme épargne ancestrale. Ils disputaient, sur la place publique et dans l'intrigue du *Broglio*, les maigres gains des places et des charges de l'État. Ils gaspillaient des fortunes dans les parties et les *ridottos*. La vie était libre et libertine sous le masque. Venise n'était plus qu'une maison de fleurs, au moment où elle eût dû, pour sauver l'avenir, faire un effort désespéré.

Venise manqua à son gouvernement qui lui manqua plus encore. Les partis déchiraient l'État. La chose publique était la proie de quelques-uns. Les rivalités, les haines particulières devinrent le principal souci de ceux qui n'eussent dû penser qu'au bien général. La politique se replia du dehors sur le dedans. On gaspilla le Trésor en vaines entreprises et en prodigalités folles. Les arts fleurirent et couvrirent d'un voile de splendeur une agonie qui gardait toutes les apparences de la vie. Des palais magnifiques s'élevaient, des peintures et des fresques les décoraient; sur les places, des statues et des monuments sans nombre glorifiaient les moindres mérites : on prodiguait le marbre et le bronze depuis qu'il n'y avait plus de héros. Sur les canaux, c'était un éternel concert et la nuit rejoignait le jour dans l'éclat des lumières et des fêtes. Pour le peuple et pour l'hôte de passage, la vie coulait molle, indolente, délicieuse.

Cependant, la tyrannie du Conseil des Dix pesait sur la Cité. Le pouvoir n'était plus qu'un instrument de haines et la liberté qu'une servitude ; comme on ne pouvait plus ni parler, ni penser sans péril on se déshabitua de parler et de penser ; la délation était le principal ressort du gouvernement : « Tout fait peur, dit Amelot de la Houssaye, tout est suspect, l'entretien, le silence, la compagnie, la solitude, et les murs eux-mêmes. » Dans le tumulte des jours heureux, une angoisse inexprimable opprimait les cœurs libres.

Enfin, la République renonça aux vertus militaires qui l'avaient mise si haut. Les patriciens ne voulaient plus monter sur les vaisseaux. Ils dédaignaient les armes, non moins que le commerce. On confiait le soin de défendre la patrie à des mercenaires souvent dangereux, toujours suspects, ou à des troupeaux enrôlés en hâte, à l'heure du danger. L'arsenal était désert ; on n'y entretenait plus que quelques vieux vaisseaux ; à quoi bon armer, quand la République, satisfaite de vivre, ne menaçait personne ? Elle se confiait dans sa sagesse, dans l'habileté de ses diplomates dans son innocence, dans sa faiblesse même. Celui qui devait être le dernier doge, Louis Manin, était un homme très doux. Quand il entendit le canon des armées françaises victorieuses, il s'écria : « Cette nuit, nous ne serons pas en sûreté, même dans notre lit ! »

Dans la salle du Palais Ducal, où se rassemblait tout le Grand Conseil, sur le plafond peint par Paul Véronèse, les républicains d'autrefois avaient fait inscrire cette devise : « *Robur imperii nunquam derelicta... Reipublicæ fundamentum, libertatis custos.* N'abandonnez jamais la force publique ; c'est le fondement de la République et la sauvegarde de la liberté. » Cette leçon était oubliée ; on vivait dans la joie, dans la confiance et dans les fêtes. Ceux qui prédisaient une catastrophe prochaine étaient des oiseaux de mauvais augure...

Pour la troisième fois, l'ennemie mortelle,

Gênes, se dressa tout à coup devant Venise, et ce fut pour asséner le coup fatal. Dans la désastreuse année de Chioggia, en 1379, la flotte génoise avait bloqué Venise si étroitement que le gouvernement avait décidé, un moment, d'abandonner la ville : cependant un effort héroïque avait sauvé l'indépendance. Au seizième siècle, un Génois, Christophe Colomb, avait découvert l'Amérique et, du coup, avait ruiné le commerce de Venise. Et c'était encore un Génois, un fils de la mer Tyrrhénienne, ce Corse qui, sans même se donner la peine de vaincre la République, la biffa, d'un trait de plume, sur la liste des nations. La République mourut sans avoir même conscience de sa mort.

Les destins se sont accomplis. Venise est morte ; elle dort parmi les chants, les parfums et les fleurs... ou, peut-être, elle n'est qu'assoupie, et l'avenir qui s'approche, un doigt sur les lèvres, va bientôt la réveiller.

III

Miramar.

De Trieste, l'œil qui suit la rive occidentale de la vaste baie voit se profiler sur les eaux, les tours et les créneaux du château de Miramar. De loin, on dirait qu'il est planté sur cette pointe pour commander et surveiller l'entrée du port; il a des allures de forteresse, ou plutôt de nid de pirates moyenageux. Mais, dès que l'on approche, l'impression militaire s'efface : le blanc castel romantique n'est plus bientôt que la réalisation coûteuse d'un rêve de grand seigneur désabusé.

Désabusé, il l'était déjà, et dégoûté, et mélancolique, quand il vint se réfugier ici, et qu'il prit la résolution (car voilà ce que valent les résolutions humaines) d'enfermer, dans ce coin de paradis tombé sur la terre, ses ambitions refoulées et son bonheur résigné. Descendant de Charles-Quint et de Marie-Thérèse, frère d'empereur, gendre de roi, amiral de la flotte, vice-roi de la plus belle vice-royauté du monde, successeur des doges, maître de Venise, beau, la taille élancée, la figure noble aux minces favoris blonds et aux yeux bleus, partout accueilli, salué, aimé; vainqueur et poète, homme d'action et rêveur, et, pour tout dire, en un mot, l'homme le plus enviable de son temps, l'archiduc Maximilien d'Autriche, mari de l'archiduchesse Charlotte, qui sentait en lui quelque chose du don Juan, vainqueur de Lépante, plaignant un temps qui ne savait pas employer sa valeur, ayant vu le monde et goûté de tout, en pleine maturité, choisit ce lieu unique et s'y arrêta, décidé à ne lui demander que la paix...

Miramar! Ah! que la mer est belle, d'ici! On la domine et on la touche. Les vagues se heurtent au rocher qui les surplombe; elles s'enroulent à ses pieds, elles montent, elles retombent, laissant flotter dans l'air tiède une fraîcheur et une odeur d'embrun; du perron de marbre, l'œil erre sur la soie moirée et plissée et bleue; c'est une mer douce et fine, lactée, nacrée, une mer de caresses et de sourires. Il faudrait des silences, des regards échangés, des gestes, pour exprimer une si émouvante et si câline beauté. Le flot roule, frise, joue, retourne, revient et bavarde sourdement : c'est un appel, un charme, un sortilège. Elle parle. Elle invite aux longs voyages, confiants et sans tempêtes. Une mouette blanche, venue du large, s'obstine à la pointe, et elle fait, de son vol circulaire qui effleure la roche, un appel et une séduction.

C'est donc là qu'il s'arrêta et qu'il bâtit. Vers le milieu du siècle dix-neuf, l'âme était romanesque et le goût romantique. La mode se pâmait aux manifestations les plus diverses de la beauté humaine : l'élégance était toute de convention avec un arrière-goût de simplicité à la Trianon. Age du Keepsake; un art sans originalité prenait son inspiration de toutes mains et copiait, et, pis encore, « adaptait » avec volupté.

L'archiduc était trop exactement l'homme de son temps et l'arbitre des élégances pour ne pas les réunir toutes dans ce lieu de prédilection. Il voulut avoir l'art, l'héroïsme, la beauté et le génie sous la main. Ce pli de terrain recueillit donc et abrita les gloires et les joies du monde. Le parc avec la forêt, le donjon anglo-normand, avec la vue immense sur la mer ; le jardin anglais aux grasses verdures et aux ombres profondes, le jardin français avec ses parterres rectilignes, un campanile italien, un chalet suisse, un ermitage où la cloche tinte, une grotte à la Jean-Jacques, des eaux comme à Versailles, des terrasses comme à Saint-Cloud, des rochers habilement affreux, des escaliers magnifiquement inutiles.

La nature travailla, elle aussi, à multiplier les points de vue et les agréments; le climat faisait, des jardins, une serre sous le ciel grand ouvert; toutes les couleurs, tous les chants et tous les parfums y éclatèrent à la fois. Les émanations pénétrantes et diverses de la mer et de la terre adroitement combinées, celles des arbres et celles des fleurs, les pins et les roses, les lis et les orangers, répandirent partout un encens indéfinissable et firent, à la vie heureuse qu'on menait sur ces bords, un fond de joie parfumée. Ce fut un séjour enchanteur, un nid amoureusement construit, une retraite ornée et embellie avec profusion, à la mesure précise de l'imagination qui l'avait conçue.

Le prince inquiet, l'Hamlet de ce ciel sans nuages, s'était-il donc fixé ici pour toujours? L'élève de don Juan d'Autriche avait-il oublié Lépante? Le marin avait-il dit adieu à la mer?

Au bas du magnifique perron dont les marches de marbre et de fleurs descendent vers le rivage, cachée et dissimulée dans un pli du terrain, on avait réservé, il est vrai, une petite baie, un port minuscule où une flottille de plaisance pouvait au besoin s'abriter. Fantaisie parmi les autres fantaisies ; jeu parmi les autres jeux. Cependant, au bout de la balustrade italienne qui s'avance sur les eaux comme une frêle jetée de marbre, un sphinx est accroupi ; relevant la tête, il hume l'air des flots.

Quand l'œuvre fut achevée, une inscription latine, fixée sur la terrasse qui regarde la mer, rappela le passé de ce coin de terre et porta haut l'honneur de celui qui l'avait transformé. Mais déjà, parmi les titres anciens du maître, un titre nouveau apparaît ; déjà, les grandes ambitions sont revenues ; déjà la demeure si belle ne suffisait plus au caprice de celui qui l'avait préparée : « Ferdinand-Maximilien - Joseph, archiduc d'Autriche, prince de Hongrie et de Bohême, amiral des flottes autrichiennes, vice-roi de Lombardie et de Vénétie, depuis *élu et proclamé empereur par la nation mexicaine*, sur ce rivage, où jadis s'élevait une ville romaine, où plus tard on construisit une chapelle à Notre-Dame des Flots, et où un ermite pieux chanta ses psaumes, tout étant détruit et abandonné éleva ce château, créa ces jardins, et, en 1864, il leur donna ce nom : Miramar ! »

Et c'est précisément en 1864, le 14 mars — pour éviter la funeste coïncidence du 13 — que l'archiduc Maximilien, ayant accepté la couronne qui lui était offerte par une délégation venue de l'autre continent, avait quitté Miramar, achevé à peine, pour suivre de nouveau les sirènes et pour tenter, une fois encore, la fortune de la mer. Dans l'archiduc dilettante, le don Juan d'Autriche avait reparu.

Il avait hésité longtemps. Quitter tout cela ! ces beaux lieux, cette terre où il était aimé, cette œuvre qui était sienne, ce repos longtemps désiré, cette certitude lentement obtenue ! Pendant deux ans, la tentation s'était renouvelée sous des formes diverses : missions de diplomates, insistances réitérées de l'autre empereur fatidique, appel au sentiment du devoir, génuflexions de réfugiés qui imploraient le salut d'un peuple, mais surtout, sans trêve, sans répit, pression de la femme, énergique, ardente, passionnée, qui prétendait, elle aussi, réaliser son rêve et qui voulait porter une couronne.

Si les délégations mexicaines parcouraient les jardins, elles n'y entendaient que la voix du repos et du renoncement; mais dans le palais l'impression était tout autre. Ici, l'homme d'action ou plutôt le rêveur d'action se manifestait partout. Gauches et empêtrés, tels qu'on les voit sur les tableaux qui reproduisent les scènes du drame, ces hommes lointains, ces fils d'Espagne et ces fils des Indes occidentales, pouvaient relever la série fastueuse des grands exemples qu'une volonté hésitante consultait aux heures de doute et qui devaient la déterminer.

D'abord, dès l'entrée, don Juan d'Autriche, décidément maître du lieu ; puis le salon représentant exactement la cabine d'amiral à bord de la frégate de commandement, la *Novare*; puis, dans la bibliothèque, quatre grandes figures : Napoléon Ier et Metternich, Dante et Gœthe; puis les souvenirs de voyage, Jaffa, Smyrne, la Syrie, l'Égypte; puis un concile de souverains : Pie IX, Napoléon III, le roi Guillaume, le roi de Danemark, l'empereur François-Joseph; puis Kaunitz, Radetzki, Schwartzenberg, les vainqueurs, et, partout aussi, les souveraines Marie-Antoinette et Eugénie, Élisabeth et Charlotte, la tant aimée.

Surtout, ils eussent vu, en honneur, les images des grands aïeux, Charles-Quint, Ferdinand le Catholique, Marie-Thérèse, Joseph II, les gloires de la maison qui domina les deux mondes; dans la salle du trône, peintes à fresque sur les murs, toutes les têtes des empereurs de la famille de Habsbourg et toutes les têtes des empereurs de la maison de Lorraine, les uns sur fond d'or, les autres sur fond d'argent.

Comment l'homme qui avait disposé tout cela pourrait-il passer désormais sous ces regards et braver le reproche muet de n'avoir pas osé, quand, eux, ils avaient tant osé pour laisser à leurs fils la tradition sans reproche de la gloire impériale?

Et, d'ailleurs, dans cette même salle, un symbole autrement pressant était là, lui aussi, inscrit, voulu, commandé, par une sorte de prescience orgueilleuse. Sur une immense mappemonde peinte, du haut en bas de la muraille, s'étalait une carte de l'Empire de Charles-Quint, — de cet empire « sur lequel ne se couchait pas le soleil ». Et c'était cet empire dont il s'agissait maintenant de ramasser les fragments épars ! Comment hésiterait-il plus longtemps ?

Tout, dans cette maison, était présage. Une magie et un *sort* étaient en elle : les délégués mexicains furent reçus dans le premier salon ; ils exposèrent leur demande, et tandis que Maximilien lisait lentement l'acte d'acceptation, c'est-à-dire sa sentence de mort, s'ils regardèrent, eux, la muraille, ils virent, derrière l'empereur, la *Mise au Tombeau* du Titien. Et s'ils dînèrent dans la vaste salle à manger du premier étage, tandis qu'ils partageaient le pain de celui à qui ils allaient faire goûter le pain amer de l'exil, ils purent lire sur le plafond, au-dessus de la belle tête mélancolique, la devise qu'une mouette blanche, la mouette fatidique, tenait dans son bec : « *Corona spinæ* : la couronne d'épines ! »

Il accepta cependant ; il accepta, plein de pressentiments funestes. On dit qu'après avoir dit le oui fatal il s'enferma pendant trois jours avec son médecin et que, voulant rester seul en face de sa destinée, il ne put supporter aucune autre personne près de lui ; on dit que, devant un ami intime, il s'écria : « Pour moi, si quelqu'un venait m'annoncer que tout est rompu, je m'enfermerais dans ma chambre pour sauter de joie ; mais Charlotte?... » On cite aussi des vers où il dit les angoisses de son âme : « Oh ! laissez-moi suivre en paix mon tranquille chemin, le sentier obscur et ignoré parmi les myrtes !... » Mais le parti était pris ! Dans les paroles d'acceptation qu'il prononça, on sentit l'orgueil de la race qui lui imposait l'action : « Le Mexique, dit-il, a placé sa confiance dans un descendant de cette maison de Habsbourg, qui, il y a trois siècles, a implanté sur son sol la monarchie chrétienne. »

La frégate la *Novare*, qui fut pour lui, jusqu'à la fin, la fidèle compagne des jours de triomphe et des jours de deuil, était venue s'embosser devant la petite baie à la jetée de marbre. Une foule immense était accourue; elle acclamait le départ et ne concevait que l'espoir.

L'empereur parut; il parcourut les terrasses et descendit les escaliers, lentement, les yeux pleins de larmes, ayant auprès de lui l'impératrice heureuse et souriante. Le tableau officiel lui-même dit le contraste : Maximilien est debout dans le canot; d'un geste souple et noble, il salue la foule qui jette des fleurs; l'impératrice rayonnante, dans le faste du chapeau de paille de riz et de la vaste crinoline bouffante, prend place auprès de lui.

Ils partirent...

Là-bas, sur les hauteurs de Queretaro, à l'heure suprême, et tandis que les fusils étaient braqués sur lui, Maximilien, empereur du Mexique, dut faire cette rapide revue de l'existence entière qui se présente, dit-on, à l'heure de la mort : il revit Miramar, les jardins élyséens, le burg tout blanc encore de sa construction récente ; il vit la salle du trône, la mappemonde, l'empire de Charles-Quint et la mouette prophétique. Il revit la petite baie étroite, à la balustrade de marbre, et le sphinx qui, la tête haute, hume l'air salin, regardant la mer perfide de ses yeux froids de pierre...

Une autre destinée vint, depuis, promener, ici, ses pas errants. L'impératrice Élisabeth allait parfois à Miramar, glaner les souvenirs tristes qui convenaient à la tristesse de son âme. En 1891, elle était là, elle relevait une à une, les traces des faits disparus, déjà si lointains ; elle s'arrêta longtemps à considérer la place où elle avait serré dans ses bras sa belle-sœur, l'impératrice Charlotte, rayonnante de joie et d'espoir: « Un abîme de trente ans, plein d'horreurs, murmura-t-elle ; et, avec cela, on dit que l'impératrice Charlotte engraisse encore !... »

Quelque temps après, elle partait, elle aussi, et elle prononçait l'autre parole qui a retenti si souvent dans ces parages tragiques : « Allons ! debout ! Marchons ! Chacun est en marche vers sa Destinée ! »

IV

La querelle adriatique.

Venise est une très belle et très haute dame qui laisse s'égrener les jours et s'abandonne paresseusement à la langueur des nuits ; comme la fille du roi d'Espagne,

> S'est mise à la fenêtre
> Pour voir la mer couler...

Trieste est une ouvrière, robuste et laborieuse, qui, les manches relevées et la cotte troussée, ne s'arrête pas un instant, ne connaît ni trêve ni repos, et se moque de la toilette et des galants, pourvu que la besogne soit faite.

La mer pousse, en hésitant, jusqu'à Venise ; elle se fait étroite, se perd en mille canaux, se glisse nd une vague contenue et amollie, prête à la caresse plus qu'à l'action. A Trieste, au contraire, la mer arrive largement. L'Adriatique communie avec sa ville favorite sans obstacle. La lame bat directement le quai de pierre où le commerce prend ses aises et s'installe, maître de la place.

Le môle de la Lanterne, qui se projette au loin dans la mer et qui se tend comme un bras pour protéger le port, donne à celui-ci une figure tranquille et assurée. Ce qui frappe, ici, c'est la netteté, l'unité d'action, la simplicité des rouages. Rien pour la montre, tout pour l'utile. La nombreuse population du port procède au travail du chargement et du déchargement, dans un bourdonnement de ruche, avec une lenteur et une régularité quasi automatiques.

Les grands navires sont à quai; ils ouvrent leurs soutes profondes; les grues grincent; les cordes se tendent, les bras se lèvent et saisissent, les mains se crispent et agrippent, les dos se courbent pour recevoir les sacs qui ambulent à la file, sur la planche élastique; aucune confusion; la besogne se fait haut le pied et sans bruit; le sifflet siffle; la place est libre; à un autre. On sent, dans la tenue administrative et militaire, dans une sorte de cadence taciturne et résignée, quelque chose d'impérial et de discipliné et — comme on disait, en 1815, — de *kaiserlick*.

Du bout de la jetée, le spectacle m'apparaît clair et facilement intelligible. Au premier plan, le port, sans une vague ; puis le quai, simple et large, avec la ligne des hautes maisons grises, donnant l'idée, sinon de la grandeur, du moins de la rectitude ; au-dessus, la colline où les maisons grimpent séparées par des rues parallèles comme des tranchées ; en haut, le château rogue et noir, dont les longs bâtiments sont des casernes ; plus haut encore, les gradins étagés de la chaîne de montagnes qui entoure, presse, protège et écrase la ville. Et derrière, enfin, on devine le vaste continent, la Germanie, l'Empire.

Je me retourne ; quel contraste ! C'est l'Adriatique pâle et douce, toute moite des baisers du soleil. On dirait qu'elle vient chercher ici un maître, qu'elle se rue dans le port et qu'elle se donne toute à lui. O mer ! oublies-tu que la Grèce et l'Italie mirent dans tes eaux leurs rivages ? Vers le Sud, de part et d'autre, le cercle de montagnes s'élargit ; les collines s'arrondissent et s'abaissent. Le paysage s'humanise au fur et à mesure qu'il s'éloigne. Au large, les voiles des bateaux de pêche, blanches et roses, ferment l'aile et se posent sur la mer bleue ; plus loin encore, le ciel et la mer se confondent en un rêve laiteux, — cependant qu'à la sortie du port le steamer en partance mugit, éructant sur l'azur sa noire fumée.

Trieste n'est rien autre chose que le port d'attache du Lloyd autrichien. Le maigre village de pêcheurs tapi, jadis, dans l'ombre puissante de Venise, a grandi, sur un rescrit de l'impératrice Marie-Thérèse et de l'empereur Joseph II. Dix mille habitants en 1702, trente-cinq mille en 1810, soixante-dix mille en 1870, *cent quatre-vingt mille* aujourd'hui !

C'est une compagnie, c'est une administration, c'est une volonté persévérante qui ont créé Trieste. Aussi, la grande, la seule manifestation architecturale de la ville, c'est le palais du Lloyd. Il est là, sur la place, puissant, massif, écrasant tout de son luxe de pierre. Comme au moyen âge, la ville c'est la hanse. Depuis 1833 que la puissante compagnie s'est emparée du lieu et, par là, peu à peu, du commerce adriatique et oriental, Trieste n'a cessé de grandir et de prospérer. Aujourd'hui, port unique de l'Autriche, ouverture de l'Allemagne sur les mers du Sud, elle se prédit orgueilleusement les hautes destinées d'un Hambourg méridional.

Cependant, des événements imprévus ont

assombri soudain un avenir qui paraissait devoir se développer normalement et sans secousse. Une cause de complication grave guette toujours l'Adriatique, c'est l'irrédentisme. Or, comment nier le réveil actuel de l'irrédentisme italien ?

Trieste est un port admirable; sa population est laborieuse, son activité sans pareille, ses lendemains sont triomphants. Mais cette prospérité a sa tare, cet éclat a son ombre : la querelle des nationalités et des races divise les peuples qui l'habitent et rend toujours précaire une situation politique qui, d'ailleurs, dans le passé, fut toujours ballottée entre des solutions alternatives et contradictoires.

Si l'on en croit les chiffres officiels, Trieste, sur une population de 180.000 habitants, compte 130.000 Italiens, 30.000 Slaves, 12.000 Allemands et le reste de nationalités diverses. C'est ici la rencontre des trois races qui se disputent l'avenir de l'Europe orientale : Latins, Slaves, Germains. Le conflit se complique encore si l'on envisage l'ensemble de la question adriatique et balkanique, puisqu'il faut compter avec les Magyars, avec les Serbes, avec les Turcs, avec les Grecs, avec les Bulgares.

Outre le conflit des races, un autre non moins grave s'affirme : celui des chemins ; Trieste est menacée par l'ouverture prochaine et par la concurrence éventuelle des voies nouvelles. Un puissant effort est fait, à l'heure présente, par tous les peuples de l'Europe, pour créer des routes internationales plus courtes ou pour s'emparer de celles qui existent. A Suez, à Tanger, à Salonique, à Constantinople, le débat est le même.

L'Allemagne s'est levée tout entière pour cette fameuse « marche vers l'Est » qui doit faire de l'Orient le vaste débouché de ses productions et de sa population. Elle prétend jeter sur la Mésopotamie ce chemin de fer de Bagdad et du golfe Persique qui sera la queue de la comète germanique. Or, Trieste a sa place dans cette campagne offensive. Elle est tête de ligne de l'impérialisme allemand sur l'Adriatique. Elle garde cette porte.

Et voilà justement que quelqu'un frappe à cette porte. L'irrédentisme italien, fort de son passé, de la population-sœur, de la langue, insiste et prétend qu'on lui ouvre. Au même moment, ici, et non loin, en Croatie, en Dalmatie, la pensée slave et la poussée slave réclament à leur tour et s'exaltent sur leurs futures destinées.

A l'heure où, dans les Balkans, les événements se précipitent, toutes ces rivalités, toutes ces concurrences s'insurgent dans l'Adriatique. Venise, Trieste, Fiume sont en alarme. Ainsi, la question adriatique est la vraie question de l'heure présente puisqu'elle contient, à la fois, et le conflit des races et le conflit des chemins.

Mont Cenis, Saint-Gothard, Simplon, Portes de Fer, Serajevo, Uskub, Belgrade, voilà le conflit des chemins. Marseille, Gênes, Venise, Trieste, Salonique, voilà le conflit des ports. Latins, Germains, Slaves, Grecs, Magyars, Turcs, voilà le conflit des races, et je n'ai pas dit les complications qui viennent des difficultés intérieures ou successorales, des rapports des puissances entre elles et des combinaisons diplomatiques entre les gouvernements.

L'Adriatique va-t-elle donc devenir la matrice nouvelle des querelles européennes ?

Prêtez l'oreille. Entendez-vous. Le 15 mai 1903, à Inspruck, conflit violent entre les étudiants de langue allemande et les étudiants de langue italienne ; retentissement énorme ; manifestations, à Venise, à Milan, à Rome, à Naples, à Palerme, dans toute l'Italie. A Venise, à Bari, à Pise, on crie : « Vive Trente ! Vive Trieste ! A bas l'Autriche ! » et toujours le même cri, plein d'allusion et de menace : « Vive Garibaldi ! Dehors l'étranger ! » Les gouvernements sont obligés d'intervenir.

Pourquoi cette recrudescence soudaine de l'irrédentisme ? Est-ce un simple accès, une crise passagère, souvenir d'aspirations surannées, écho affaibli d'acclamations depuis longtemps sans portée ? Nous verrons bien. En tout cas des causes nouvelles sont apparues qui donnent au problème toute son acuité et à la colère toute sa raison : la question des chemins, la question des ports, la question des tarifs ont soulevé la question vitale, la question des races ; pour ces peuples, petits ou grands, il s'agit, maintenant, d'être ou de ne pas être.

Autres faits : au moment même où, à une extrémité de la péninsule des Balkans, Salonique flambe et saute, comme un pétard gigantesque, pour attirer l'attention de l'Europe consternée, à l'autre bout, à Agram, à Fiume, le réveil slave produit un choc soudain. Les Croates ne veulent plus tolérer la suprématie magyare; ils tendent les mains vers leurs frères du Nord et de l'Est.

Eux aussi, ils veulent vivre, se sentir libres, prendre leur place au soleil. Écoutez les paroles de l'évêque Strossmayer qui est le Pierre l'Ermite de la cause : « Par suite de l'alliance des Magyars et des Allemands, nous sommes les plus faibles ; mais cette situation ne durera pas toujours. Aucune alliance politique n'est éternelle. Jamais, ajoute l'évêque de Diakova, je n'ai renoncé à l'idéal de toute ma vie, *à la formation d'un grand État slave du Sud qui comprendrait, à la fois, tous les Croates et tous les Serbes ;* car les Croates et les Serbes quoique séparés par la différence de religion ne sont qu'un seul peuple ! » Quelle est donc la puissance d'un sentiment, qui, même chez un évêque, subordonne la cause de la religion au rêve d'une patrie entrevue ? Ces aspirations sont celles des masses. Les manifestations se multiplient. A Spalato, le drapeau hongrois est déchiré sur le navire le *Zagreb*. Les manifestants sont si nombreux que la police est impuissante. C'est un pays soulevé.

L'évêque réclame « la plus grande Serbie ». Au moment même où j'écris, la fin de la dynastie des Obrenovitch ensanglante Belgrade : les deux amants tragiques sont tués dans leur palais. Pauvre petit roi Alexandre à la moustache naissante, au regard farouche et inquiet ! Il portait sur le front le signe de la fatalité.

Une dynastie meurt ; une dynastie naît. Les Karageorgevitch ont toujours été les porte-étendards du nationalisme serbe exaspéré...

Ainsi, partout, en ces contrées, tout est remis en question : pactes constitutionnels, religions, alliances, intérêts, passé, présent, avenir, tout surgit, tout lutte. Comment fermer les oreilles à ces coups répétés et les yeux à ces éclairs soudains ?

Pourtant, jusqu'à cette heure, une volonté combinée et calculée retarde les événements. Deux grands Empires, rivaux la veille, se prêtent la main pour imposer la paix. L'entente austro-russe, scellée depuis plusieurs années, éprouvée déjà, pèse sur la chaudière surchauffée, près d'éclater, et la contient. Quel sera l'avenir de cette combinaison, quel sera le résultat de cet effort ?

Suivez avec soin les événements. Si l'entente austro-russe l'emporte, si elle résiste à cette épreuve décisive, il y a là le germe d'une nouvelle Europe. Si elle échoue et si le couvercle se soulève, si la boîte de Pandore s'ouvre, alors les biens et les maux seront déchaînés.

Espérons du moins que, par la bonne volonté, la sagesse ou l'appréhension générales, les événements seront retardés. Le temps qui est un grand maître, permettra peut-être aux éléments pacifiques d'agir et aux solutions raisonnables de se dégager.

Peut-être aussi cette gestation aveugle et cette angoisse universelle annoncent-elles la prochaine apparition, sur cette scène, d'un homme d'État capable de diriger les événements et de les délivrer : l'Histoire a, parfois, de ces bonheurs ; le drame crée le héros...

Un Henri IV, un Cavour qui mesurerait le problème adriatique et balkanique et qui saurait le résoudre, soucieux de l'avenir de l'Autriche, épris du système fédératif (déjà entrevu par Jean-Jacques), ce maître des hommes, qui serait aussi le maître de l'heure, saurait trouver la loi de l'unité dans la diversité. Il amortirait les haines aveugles, refoulerait les violences stupides, apaiserait les consciences ; se penchant sur les peuples même les plus humbles, tenant en échec les ambitions même les plus hautes, il dégagerait les solutions équitables et régierait, les uns par les autres, les conflits d'honneur, les conflits d'intérêts, les conflits de races; ses doigts habiles, ses paroles souples dénoueraient l'écheveau embrouillé par tant de folles imprudences et de téméraires incapacités; il s'inspirerait des grands républicains de Venise qui, guerriers illustres, furent aussi, et surtout, de sages pacificateurs.

Comme dans le tableau de Gentile Bellini, il saurait grouper et rapprocher les âmes attentives autour de la leçon divine et son génie, vraiment humain, scellerait la paix de l'Europe en fondant, par la paix adriatique et latine, la paix méditerranéenne.

TABLE DES MATIÈRES

	Pages
INTRODUCTION.	I-XXXVII
La Paix latine.	1
LA RENAISSANCE LATINE.	17
A TRAVERS L'ESPAGNE.	43
LA FRANCE AFRICAINE.	45
Tlemcen.	58
Algérie.	62
Carthage.	87
L'ISLAM.	131
EN SICILE.	133
Ségeste. — Les anciens peuples.	162
Agrigente. — Les grands dieux.	175
Syracuse. — La mort d'Athènes.	198
L'Etna.	209
VÉSUVE ET POMPÉI.	

TABLE DES MATIÈRES

	Pages
PORTS FRANÇAIS.	223
Marseille et les grands chemins du monde.	225
L'avenir de Marseille.	246
Bizerte.	275
L'ADRIATIQUE.	287
« Lago adriatico ».	289
Venise.	298
Miramar.	311
La querelle adriatique.	323

11954. — Lib.-Imp. réunies, 7, rue Saint-Benoît, Paris.

www.ingramcontent.com/pod-product-compliance
Lightning Source LLC
Chambersburg PA
CBHW070437170426
43201CB00010B/1125